청약 맞춤 수업

※ 일러두기
1. 부동산 관련 용어들을 설명하고자 신조어(불장, 부린이) 및 줄임말(특공, 신특)을 사용했음을 밝힙니다.
2. 표와 지도, 이미지에서 이 책의 맞춤법 규정과 다른 부분이 있음을 밝힙니다.
3. 본문에 사용한 지도는 네이버지도입니다. 그 외의 다른 지도는 출처를 명시했습니다.

청약 맞춤 수업

초판 1쇄 발행 2021년 2월 25일
초판 2쇄 발행 2021년 5월 20일

지은이 박지민(월용이)
발행인 조상현
마케팅 조정빈
편집인 김주연
디자인 Design IF

펴낸곳 더스(더디퍼런스)
등록번호 제2018-000177호
주소 경기도 고양시 덕양구 큰골길 33-170
문의 02-712-7927
팩스 02-6974-1237
이메일 thedibooks@naver.com
홈페이지 www.thedifference.co.kr

ISBN 979-11-6125-295-7

│ 더스 │ 더디 │ 더디퍼런스 │ 마이북 │

청약 · 분양권 전문가 월용이의 포지셔닝에 따른

청약 맞춤 수업

박지민(월용이) 지음

청약 관련
자주 묻는 질문 모음

- - - - - - - - - - - - - - - -

수도권, 지방 광역시
분양권 전매 가능 단지

- - - - - - - - - - - - - - - -

2021년 이후
전국 분양 예정 단지

더스

청약은 내 집 마련의 필수 과목, 후회 없이 알아보고 해 볼만큼 시도해 보자

"너도 부자가 될 수 있어."

이런 뻔하고 헛된 내용은 담고 싶지 않았다. 청약자들에게 '청약 당첨에 계속 실패하더라도, 끝내 포기할지라도 후회 없이 알아보고 해 볼만큼 시도해 보자'라는 의지를 돕고자 이 책을 집필하게 됐다. 필자에게는 세 번째 책이지만 가장 많은 고민을 하고, 공들여 작업한 만큼 독자들에게 도움이 될 것이라 확신한다.

당첨되면 수 억 원을 벌 수 있다는 '로또 분양'의 꿈은 사치가 돼버렸고, 이제는 많은 사람들이 허상을 걷어 내고 내 집 마련, 내 명의로 된 아파트라도 갖고 싶다는 게 작은 소망이 됐다.

가점이 낮아도 추첨제로 당첨될 수 있었던 시절, 신규 분양과 미분양 아파트가 차고 넘치던 시절이었다면 이 책을 쓸 이유도, 독자들이 청약 책을 찾아 볼 이유도 없을 것이다. 그러나 지금은 상황이 많이 달라졌다.

현재의 분양 시장은 청약 정보를 파악하기도 당첨되기도 힘든 상황이다. 하지만 청약을 알면서 '안' 하는 것은 포기에 따른 안도감을 느끼지만, 모르고 '못' 하는 것은 무지의 고통으로 찾아온다. 남을 향한 배 아픔과 자괴감이란 고통에서 후회하지 않으려면 내 집 마련의 첫 단추인 청약은 이제 필수 과목이라 생각하고 마치 시험을 준비하듯 공부해야 한다.

2020년에 '3기 신도시 사전청약'이라는 거대한 이슈가 발표됐다. 인천 계양, 남양주 왕숙2, 부천 대장, 고양 창릉, 하남 교산 등에 2021년 7월부터 총 6만 호의 사전청약이 예정돼 있다. 매가와 전세가가 하루가 다르게 오르는 요즘을 생각하면 사전청약은 무주택자들에게 희망의 끈처럼 보일 수 있다. 그래서 3기 신도시 사전청약을 기다려야 할지, 아니면 2021년 상반기에 분양하는 단지를 선택해야 할지 고민이 될 것이다. 이번 책에서는 3기 신도시 예비 청약자들을 위한 이러한 고민에 도움이 되길 바라며 필자의 생각을 가감 없이 전하려고 한다.

이 책이 다른 청약 책들과의 다른 점은 청약의 본질을 꿰뚫으면서도 시의적으로 적용할 수 있는 내용이 담겨 있다는 점이다. 필자는 2018년도에 국내 최초의 청약 서적《35세 인서울 청약의 법칙》을 출간했다.

이후 발간된 여러 청약 책에서 소개되는 전략은 저자의 최초 발간 서적에서 양적으로 커진 형태이다. 청약절차, 청약결과, 청약조건 등의 내용은 정보의 집약일 뿐 청약 통계와 청약자의 심리를 파고드는 것이 책에서 다뤄야 하는 본질적인 핵심이다. 또한《청약 맞춤 수업》이 필자의 이전 책, 그리고 여타의 청약 책들과 다른 점은 청약자의 모든 상황을 최대한 고려했다는 점이다. 가구 형태, 거주지역, 가족구성원 수, 그리고 그에 따른 청약가점과 납입 인정 금액을 조합해 청약자가 처할 수 있는 모든 상황에서의 방향을 제시했다. 예를 들어 3자녀 이상이나 부모님을 부양하는 대가족, 가장 일반적인 가구 형태인 4인 가족, 자녀가 없는 딩크족이나 비혼자 같이 가족구성원에 따라 청약 전략을 달리 취해야 한다는 내용을 담았다.

실거주와 투자를 분리하는 것이 투자자 입장에서는 쉬운 선택이지만 매달 월급이 일정한 직장인, 매출이 뻔한 자영업자 입장에서는 분양가 수억 원짜리 아파트를 결정하고 계약금을 내는 행위 모두 인생의 큰 도전이다. 지금 시작하는 청약을 향한 한 걸음이 당신이 속한 가정에서 인생의 전환점이 될 수 있다. 내 집 마련을 위한 단순한 청약의 행위가 투자로 이어져 이전보다 훨씬 나은 생활을 영위하는 사람들도 많이 보았다.

이 책을 통해 독자들이 그 한 걸음을 내딛는 데 도움이 되길 바라며 더 나아가 좋은 성과로 이어지기를 응원한다.

청약 당첨은 전략이다. 내가 말하는 청약 당첨 전략이란 단순한 지식이나 정보의 나열이 아니다. 당첨 사례들과 가점을 분석하고 연구해 나름의 명쾌한 결론을 유도하는 것이다. 그래서 이 책을 내 집 마련이라는 간절한 소망과 고교 수준의 소양만 갖추고 있어도 누구나 이해할 수 있도록 쉽게 썼다. 지금 이 책을 준비하는 순간에도 나는 매주 어김없이 예상 경쟁률과 예상 가점표를 계산하며 수강생들과 상담하고 있고, 내가 운영하는 네이버카페 '월급을 용돈으로'의 스터디 모임인 월용단 단원들을 위해 직접 발로 현장을 뛰고 있다.

이 책을 쓰기 위해 수많은 주말을 반납해야 했는데 그럼에도 항상 이해해 주고, 객관적으로 판단할 수 있도록 도와준 나의 아내 정혜문에게 항상 고맙다. 지금에 내가 있기까지 항상 옆에서 도와주는 황금후추님, 470님 그리고 월용단 팀장님들, 월용단을 믿고 함께했던 많은 수강생분들 이 책을 빌어서 다시 한 번 감사의 인사를 전한다. 그리고 이 책이 빛을 볼 수 있도록 원고 기획부터 출판까지 도와주신 더스 출판사 대표님과 편집실장님, Design IF에도 감사를 전한다.

수많은 정보들이 블로그와 톡방에서 공유되는 요즘, 정보를 빨리 아는 것도 중요하지만 정확한 정보를 파악하는 것 역시 중요하다.

《35세 인서울 청약의 법칙》이라는 우리나라 최초의 청약 책을 낼 정도로 청약분양권 전문가로 불리는 월용이님의 이번 책은 '청약희망고문'으로 하루하루를 보내는 사람들에게 단호하게 갈 길을 알려 준다.

나날이 청약 경쟁이 심해지고 있는 지금 이 시기에 무작정 당첨되기를 기다리는 것이 아니라, 전략적이고 분석적인 방법으로 청약에 접근할 수 있는 방법이 담겨있다. 또한 청약에 희망이 없다면 어떠한 포지션을 취해야 하는지까지 사례별로 친절히 알려 주어, 청약을 꿈꾸며 기다리는 사람들은 꼭 읽어 봐야 하는 필독서이다. 특히 이 책의 부록은 보석 같은 정보를 집약해 담고 있어서 분양권에 관심 있는 사람들에게 꼭 권하고 싶다.

– 주경야독

그동안 청약에 대한 아무런 정보와 준비 없이 무작정 넣었으니 당첨이 될 리 만무했다. 결혼할 때 청약을 알았다면 신혼부부 특별공급에도 넣을 수 있었는데 오피스텔과 빌라만 쳐다봤고, 다행히 1억 이하 소형주택은 무주택으로 간주된다는 것을 깨달았을 때 청약의 기회는 남아 있다는 사실에 가슴을 쓸어내렸다.

여러 차례 시행착오 끝에 월용이님을 알게 됐고, 얼마 전 나의 삶에는 없을 것만 같았던 생애 첫 청약 당첨의 기쁨도 맛보았다.

아직 무주택자이거나 부동산 공부를 시작하려는 사람들이라면 부동산의 시작은 청약부터라고 생각한다. 월용이님의 《청약 맞춤 수업》 한 권이면 나처럼 돌아가지 않고, 헤매지 않고, 새 아파트를 갖는 행운으로 직행할 수 있을 거라고 확신한다. 학교에서는 들을 수 없는 수업, 하지만 한 번쯤은 반드시 들어야 하는 인생의 필수 수업, 이 책이 그런 역할을 할 것이다.

-레토

월용이님의 첫 저서인 《35세 인서울 청약의 법칙》을 보면서 이 책을 읽으면 35세에는 나도 서울에 내 집 마련을 할 수 있을 것 같다는 희망을 얻었다. 책에서 말한 것처럼 전략적으로 접근했어야 했는데, 청약가점도 낮으면서 원하는 평수, 원하는 타입에 넣고 운에 기댔다는 것을 깨달았다. 드디어 정신을 차리고 전략적으로 접근했더니 일 년 전 수도권 한 아파트 청약에 당첨됐다!

'왜 나는 청약에 당첨이 안 되는 걸까?' 궁금한 사람이라면 이 책에서 해답을 찾을 수 있다.

내 집 마련에 관심을 갖게 된 지인들도 청약에 계속 도전하고 있다. 경쟁률만 봐도 알 수 있지만, 청약 당첨은 전보다 더 어려워졌다. 이런 상황에 지금이라도 그냥 주택을 구입할지, 3기 신도시 청약을 기다려야 할지 고민하는 사람들을 많이 본다. 책에서는 청약자의 상황에 따라 맞춤 전략들을 다양하게 소개하는데, 각 케이스에 해당하는 지인들의 얼굴이 하나둘 떠올랐다.

'무주택자여서 불안하고 조급한 마음이겠지만 이 부분을 공략해 3기 신도시 청약에 도전해 보면 유리할 것 같은데?'

'이런 방법이 있다니! 드문 케이스이긴 하지만 몰라서 못하는 사람도 있겠는데? 이걸 이용한다면 점수가 확 달라지겠어!'

'이곳에서는 당해 청약이 가능한데, 이 지역은 당첨 가능성이 다른 지역보다 좋군!'

저자가 갖고 있는 노하우를 이렇게 아낌없이 공개하다니, 이 책을 읽는 독자들의 당첨 확률은 안 읽은 사람과는 분명 다를 것이다.

-아침형인간

CONTENTS

Class 2

주택 수에 따른 맞춤 청약 전략

Class 3

가족 수에 따른 맞춤 청약 전략

Class 4
분양가에 따른 맞춤 청약 전략

Class 5
규제타이밍에 따른 맞춤 청약 전략

Class 6 당첨이 힘들다면 분양권을 사자

알짜 부록

Class0

청약 기본부터 알고 가자

바쁜 직장인, 육아에 지친 워킹맘 · 전업맘, 사회초년생, 마땅히 물어볼 곳 없는
중년층을 위해 월용이가 속성으로 청약의 기본 사항을 알려 준다.

청약홈 사용법

〈청약홈 어플리케이션 설치 방법〉

모든 아파트의 청약은 '청약홈'이라는 사이트에서 진행한다. 스마트폰에서 청약을 할 경우 '청약홈' 어플리케이션을 검색해 다운로드한다. 청약홈 화면 구성은 스마트폰과 PC에서 동일하게 보인다. 많은 정보를 한 눈에 파악하기엔 PC로 보는 것이 더 편하기 때문에 외부에서 급하게 해야 하는 상황이 아니라면 PC로 확인하는 것을 권한다.

〈청약일정과 분양정보 확인 방법〉

청약홈 메인화면에 '청약캘린더'를 선택하면 달력이 보이고, 특정 일을 선택하면 1순위 청약, 당첨자발표 등 어떤 이슈가 있는지 확인이 가능하다. 세부 정보를 확인하려면 특정 단지명을 선택한다.

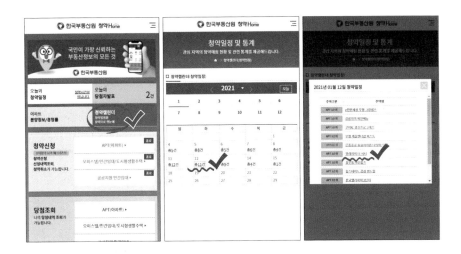

　　예시로 '위례자이 더 시티'를 선택할 경우 보이는 정보는 다음과 같다. 청약일정, 특별공급 및 일반공급 공급대상, 공급금액, 입주예정월 등 청약자가 알아야 할 최소한의 기본 정보를 볼 수 있다.

　　이 화면에서 모집공고문을 다운로드 받고 확대하면 상세내용을 확인할 수 있고, 인터넷 주소를 선택하면 바로 분양 홈페이지로 연결되어 입지, 평면 등을 살펴볼 수 있다.

청약을 준비 중인 아파트 인근의 분양경쟁률과 가점을 확인할 수도 있다. 검색을 원하는 지역명이나 아파트명을 입력하면 최대 2년치의 분양결과를 조회해 볼 수 있다.

〈청약홈에서 가점 계산하기〉

청약가점이 무엇인지, 어떤 점수로 구성되는지 처음 접하는 예비청약 자들은 본인 가점을 정확하게 계산하는 것이 청약 준비의 첫걸음이다. 청약 시 기입한 가점이 60점이고, 당첨 커트라인이 57점이라면 당연 히 당첨이지만 계산 착오로 인해 실제 가점이 55점이었다면 부적격 당 첨이다. 부적격 당첨은 향후 1년간 청약이 제한되고, 그 기간 동안 다른 분양아파트에 청약을 못하는 기회비용까지 날리게 되는 만큼 청약가점 계산은 신중하고 정확하게 해야 한다.

청약가점은 무주택기간, 부양가족, 청약통장 3가지 점수가 합산돼 만 점 84점으로 계산되는데 통상 64점 이상이면 높은 점수로 여긴다.

무주택기간 '상세보기'와 부양가족 '상세보기'를 열면 무주택기간 기준일, 계산하는 방법, 부양가족 포함 여부 등 자세한 내용을 확인할 수

있다. 혼인, 출산, 합가 등 인생의 큰 사건이 있을 때마다 무주택기간과 부양가족 점수가 달라지고 1점 차이로도 당락이 결정되므로 여러 번 읽어서 숙지해야 한다.

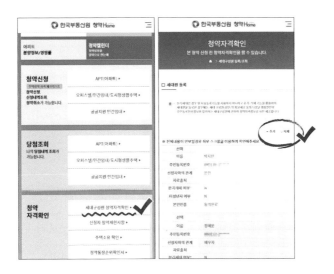

배우자, 자녀, 부모 등 세대원이 있는 경우엔 '세대구성원 청약자격확인'을 활용하는 것이 좋다. 청약홈 메인페이지에서 '세대구성원 청약자격확인'을 선택해 세대원 등록도 가능하다. 행정안전부 전산과 연동돼 있어서 간단한 절차로 등록이 가능하며 등록 후에는 청약가점 계산 시 자동으로 계산되므로 청약자 본인이 직접 계산하는 것과 이중으로 확인할 수 있다.

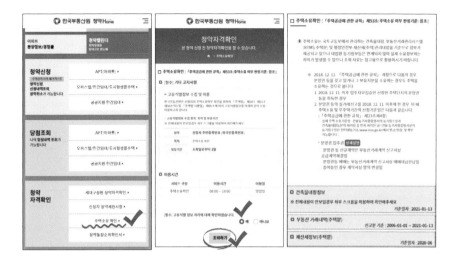

주택 소유 여부 확인이 필요한 경우, 청약홈 메인페이지에서 '주택소유 확인'을 선택하면 국토교통부에 등재된 본인의 주택 소유 정보가 뜬다. 현재 보유하고 있는 건축물, 부동산 거래내역, 재산세 과세연도 기준상 보유했던 주택도 조회가 가능하다.

〈청약 신청 방법〉

아파트 분양정보 파악과 청약자 본인의 가점계산이 된 상태라면 청약 신청은 매우 간단하다. 아파트 1순위 청약은 해당일 오전 8시부터 오후 5시 30분까지 접수를 받는다.

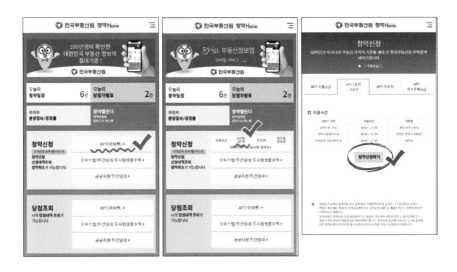

2021년부터 네이버 인증서로 로그인이 가능해지면서 청약홈 접근성을 높였다. 특별공급, 2순위, 무순위 등의 청약도 같은 순서로 진행한다.

〈청약제한사항 확인 방법〉

본인과 세대원 중에 과거에 주택을 소유한 이력이 있거나 청약에 당첨된 이력이 있는 경우 1순위 청약 기준일 계산이 헷갈릴 수 있다. 이때는 아래와 같은 방법으로 제한사항을 미리 확인해 보자.

필자의 경우 2017년 6월 21일에 당첨된 이력이 있어서 당시의 규제지역 재당첨 제한 5년에 해당한다. 특별공급 당첨 이력이나 세대원 중 비조정대상지역 내 가점제 당첨 이력이 있는 경우에도 위 페이지에서 자동으로 조회되니 쉽게 확인할 수 있다.

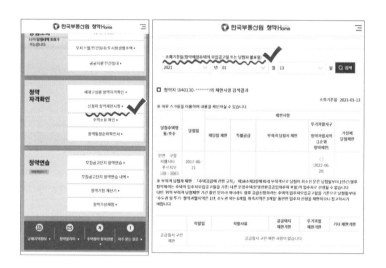

청약하기 전
이건 꼭 확인하자!

관심 있는 단지에 청약할 예정이라면 모델하우스 오픈 소식에 청약을 준비하는 건 늦다. 사전에 건설사 사이트를 통해 청약일정을 체크하고, 입주자 모집공고일을 반드시 챙겨야 한다. 통장예치금, 재당첨 제한과 같은 청약 1순위 조건과 거주기간, 무주택기간, 부양가족, 청약통장 가입기간과 같은 가점의 기산일이 바로 입주자 모집공고일이기 때문이다. 입주자 모집공고일 내 아래와 같은 문구에서도 확인할 수 있다.

"본 아파트의 최초 입주자 모집공고일은 2021.2.21입니다.(청약자격조건의 기간, 나이, 지역 우선 등의 청약자격조건 판단기준일입니다.)"

〈민영아파트 분양 일정〉

다음 달력은 규제지역(조정대상지역, 투기과열지구)인 서울에서 민영아파트 분양 시 일정이다. 해당지역 1순위 청약일에 미달되지 않으면 그 다음 날인 기타지역 1순위는 청약을 받지 않는다. 과천지식정보타운, 전주에코시티와 같은 대규모 공공택지 내 분양하는 아파트는 1순위 청약일에 해당지역, 기타지역 청약을 한꺼번에 진행한다. 신혼희망타운과

	일 (SUN)	월 (MON)	화 (TUE)	수 (WED)	목 (THU)	금 (FRI)	
1주차 모집공고, 모델하우스 오픈	11/25	26	27 입주자 모집공고일	28	29	11/30 GRAND OPEN	12/1
2주차 특별공급, 1순위 청약	2	3 특별공급	4 1순위(해당) (서울 1년 이상 거주)	5 1순위(기타) (서울 1년 미만 거주, 수도권)	6 2순위	7	8
3주차 당첨자 발표	9	10	11	12 당첨자 발표 (특공/일반)	13	14	15
4~5주차 부적격 소명, 계약	16	17	18	19	20 당첨자 사전 검수기간	21	22
5주차 이후 예비추첨, 잔여세대추첨	23	24	25	26 계약 1일차	27 계약 2일차	28 계약 3일차	29

같은 공공아파트 분양은 민간분양과 일정이 다르니 차이점을 인지하고
있어야 한다.

대부분의 신규 아파트 분양은 입주자 모집공고부터 당첨자 계약까지
5주 내에 이뤄진다. 모델하우스 오픈 후 다음 주에 특별공급, 1순위 청
약이 연달아 있다. 특별공급 자격, 1순위 청약조건, 가점 확인 등 미리
준비하고 있어야 청약일에 당황하지 않고 실수 없이 청약할 수 있다.

〈입주자 모집공고문 보는 법〉

청약하기 전 반드시 확인해야 할 사항들은 입주자 모집공고문에 빠짐없이 있다. 이를 본 후
내가 청약자격이 되는지, 자격이 된다면 청약일정과 예상 필요 금액을 따져 보고, 주변 입지
와의 비교를 통해 분양가가 적절한지 판단 후 청약을 신청하면 된다.
입주자 모집공고문 예시를 통해 각 단계별 주요 내용을 다시 한 번 정리해서 설명한다.

· 입주자 모집공고문 예시 ·

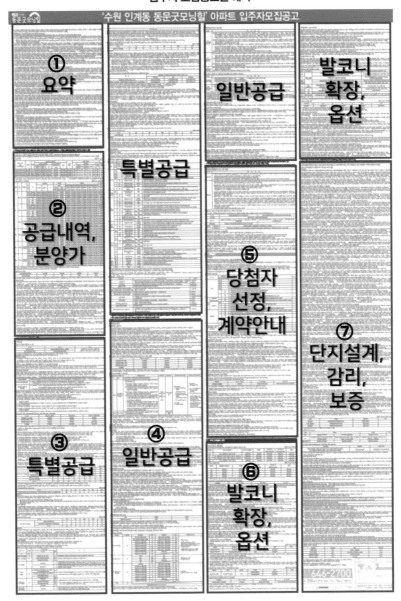

① **요약** : 청약자가 알아야 할 필수사항이 서술돼 있다. 입주자 모집공고일, 규제지역 여부, 가점제 · 추첨제 비율, 예비당첨자 비율, 재당첨제한, 전매제한, 지역우선과 같은 내용이다.

② **공급내역, 분양가** : 면적별 · 타입별 분양가, 특별공급 세대수와 일반공급 세대수를 확인할 수 있다. 지역마다 면적별로 가점제 비율이 다르므로 각 타입별 공급세대수의 많고 적음이 청약 선택 시에 중요한 숫자가 된다.

③ **특별공급** : 기관추천 특별공급(국가유공자, 장기복무제대군인, 장애인, 중소기업근로자 등)자는 입주자 모집공고일 전에 각 기관별로 미리 추천을 받은 후 특별공급 청약일에 신청한다. 그 외 특별공급(다자녀, 신혼부부, 생애최초, 노부모 부양)에 해당하는 청약자도 특별공급 관련 부분을 꼼꼼히 읽어야 한다. 특별공급 청약자는 다음 날 일반공급에도 청약이 가능하다.

④ **일반공급** : 국민주택규모인 전용면적 $85\,m^2$을 기준으로 지역별 가점제 · 추첨제 비율이 다르다. 따라서 가점 고하에 따라 타입 선택을 신중히 할 필요가 있다.

⑤ **당첨자 선정, 계약 안내** : 당첨자 선정 기준, 예비당첨자 선정 기준, 계약과 관련된 제반사항이 서술돼 있다. 당첨자 발표일에 '청약홈'(민영아파트)이나 'LH청약센터'(공공아파트)에서 확인이 가능하다.

⑥ **발코니 확장, 옵션 :** 타입별 발코니 확장비가 다르다. 에어컨, 중문, 타일 등 세대 편의와 고급화를 위한 선택지가 다양하다. 취득세 계산 시 발코니 · 옵션 확장비가 합산돼 과세표준이 정해진다. 옵션 선택 시 취득세 비율을 결정짓는 6억과 9억의 범위를 계산해 본다.

⑦ **단지설계, 감리, 보증 :** 단지 내·외부 설계상 청약자가 알아야 할 내용이 담겨 있다. 분리수거함, 자전거 보관대 등 단지 내부 설계에 관한 내용과 도로, 터널, 묘지 등 단지에 영향을 주는 외부 요인도 확인이 가능하다. 또한 중도금대출 시 보증기관(HUG주택도시보증공사, HF한국주택금융공사 또는 기타)이 어디인지 확인할 수 있다. 이를 확인해야 하는 중요한 이유는 규제지역인지 아닌지, 수도권인지 지방인지에 따라 중도금대출 가능 건수와 금액이 다르기 때문이다.

〈지역별 청약통장 예치금액〉

전용면적	서울/부산	기타 광역시	기타 시/군
85㎡ 이하	300만 원	250만 원	200만 원
102㎡ 이하	600만 원	400만 원	300만 원
135㎡ 이하	1,000만 원	700만 원	400만 원
모든 면적	1,500만 원	1,000만 원	500만 원

민간주택에 청약할 예정이라면 현재 내가 살고 있는 지역을 기준으로, 청약하고자 하는 면적에 맞춰 예치금이 충족돼 있어야 한다. 예치 금액이 부족한 경우 입주자 모집공고일 당일에 납입한 것도 인정되고, 통장 가입 기간이 충족됐다면 예치금을 한꺼번에 넣어도 된다.

Class1

3기 신도시 기다릴까, 지금이라도 살까?

Apartment Application Strategy

2020년 9월 8일 국토부 보도자료에서 2021년 하반기와 2022년에 걸쳐 3기 신도시 6만 호에 대한 사전청약을 진행한다고 발표했다.

3기 신도시가 아직 먼 얘기임에도 불구하고 무주택자들이 가장 관심을 많이 갖는 부분이다. 사전청약을 통한 3기 신도시 당첨이 내 손에 잡힐 수 있을지 아니면 멀고 고된 허황된 꿈일지 면밀히 판단해 보아야 한다. 왜냐하면 속절없는 기다림보다 현재 여력이 된다면 당장 주택을 구매하는 것이 낫기 때문이다.

2기 신도시의 경우, 택지 지정부터 첫 분양까지 4~10년의 기간이 소요됐다. 3기 신도시 역시 사전청약을 미리 받는다 하더라도 본 청약까지 2년이 걸릴지 8년이 걸릴지는 정부도, 건설사도 아무런 확답을 내릴 수 없다. 토지 보상, 지반 분석, 유적지 발굴 등 시간을 늦추는 변수들이 수없이 많기 때문이다. 그럼에도 불구하고 3기 신도시와 사전청약을 기다려도 되는 무주택자는 다음과 같다.

– 미래를 계획 중인 2030세대
– 사업을 확장 중인 자영업자

사회초년생, 신혼부부와 같이 인생의 중요한 굴곡점을 넘어서면서 재테크 계획을 세우는 2030세대는 3기 신도시와 사전청약을 준비해도 좋다. 앞으로 가족구성원이 늘어나고 아파트 계약금 및 중도금을 납입할 정도의 자산이 쌓일 때까지 몇 년의 기간은 필요하다. 또한 지속적인 현금 흐름이 필요한 자영업자도 사업이 정상궤도에 오를 때까지는 내 집 마련보다 사업에 우선적으로 목돈이 필요할 것이다.

이 외 여러 가지 이유로 주택 구입을 미뤄야 하는 상황에 있는 무주택자는 당첨 가능성을 높이기 위해 3기 신도시가 들어설 도시로 미리 이사하는 사례도 많다. 분양가가 시세보다 훨씬 저렴하면서 청약 인구가 적은 도시를 고르게 되는데 대표적인 곳이 과천(과천신도시), 하남(교산신도시), 고양(창릉신도시)이다. 이들 지역은 실제 서울 인접 도시에 비해 전세가 상승 속도가 빠르고 상승폭도 컸다.

3기 신도시 사전청약
발표 내용 파악하기

・3기 신도시 사전청약물량・

2021년 하반기 사전청약물량		신혼부부	생애최초	기관추천	다자녀	노부모	일반공급
지역	공급량	30%	25%	15%	10%	5%	15%
인천 계양*	1100	330	275	165	110	55	165
노량진역 인근 군부지	200	60	50	30	20	10	30
남양주 진접2	1400	420	350	210	140	70	210
성남 복정1,2	1000	300	250	150	100	50	150
의왕 청계	300	90	75	45	30	15	45
위례	300	90	75	45	30	15	45
남양주 왕숙2*	1500	450	375	225	150	75	225
남태령 군부지	300	90	75	45	30	15	45
성남 신촌	200	60	50	30	20	10	30
성남 낙생	800	240	200	120	80	40	120
시흥 하중	1000	300	250	150	100	50	150
의정부 우정	1000	300	250	150	100	50	150
부천 역곡	800	240	200	120	80	40	120

남양주 왕숙*	2400	720	600	360	240	120	360
부천 대장*	2000	600	500	300	200	100	300
고양 창릉*	1600	480	400	240	160	80	240
하남 교산*	1100	330	275	165	110	55	165
과천 과천*	1800	540	450	270	180	90	270
군포 대야미	1000	300	250	150	100	50	150
시흥 거모	2700	810	675	405	270	135	405
안산 장상*	1000	300	250	150	100	50	150
안산 신길2	1400	420	350	210	140	70	210
남양주 양정역세권	1300	390	325	195	130	65	195
합계	26200						

2022년 사전청약물량 지역	공급량	신혼부부 30%	생애최초 25%	기관추천 15%	다자녀 10%	노부모 5%	일반공급 15%
남양주 왕숙*	4000	1200	1000	600	400	200	600
인천 계양*	1500	450	375	225	150	75	225
고양 창릉*	2500	750	625	375	250	125	375
부천 대장*	1000	300	250	150	100	50	150
남양주 왕숙2*	1000	300	250	150	100	50	150
하남 교산*	2500	750	625	375	250	125	375
용산 정비창	3000	900	750	450	300	150	450
고덕 강일	500	150	125	75	50	25	75
강서	300	90	75	45	30	15	45
마곡	200	60	50	30	20	10	30
은평	100	30	25	15	10	5	15
고양 탄현	600	180	150	90	60	30	90
남양주 진접2	900	270	225	135	90	45	135
남양주 양정역세권	1500	450	375	225	150	75	225

광명 학온	1100	330	275	165	110	55	165
안양 인덕원	300	90	75	45	30	15	45
안양 관양	400	120	100	60	40	20	60
안산 장상*	1200	360	300	180	120	60	180
안양 매곡	200	60	50	30	20	10	30
검암 역세권	1000	300	250	150	100	50	150
용인 플랫폼시티	3300	990	825	495	330	165	495
합계	27100						

*3기 신도시

2021년 하반기와 2022년에 사전청약물량이 예정돼 있다.

2021년 사전청약물량: 26,200호 (3기 신도시 12,500호 포함)

2022년 사전청약물량: 27,100호 (3기 신도시 12,500호 포함)

　총 물량은 꽤 많아 보이지만 자세히 들여다보면 아쉬움이 좀 있다. 일단 서울을 중심으로 외곽에 산발적으로 물량이 분산돼 있고, 공공분양 대상으로만 사전청약을 실시하기 때문에 일반분양 물량이 적다는 점이다. 일반분양은 전체공급의 15%라서 2021~2022년 사전청약 전체물량 53,300호 중 7,995호 뿐이다.

　그래도 청약기준을 완화시켜 특별공급 대상자를 늘린 것은 고무적이다. 생애최초 특별공급을 5% 늘려 25% 배정했고, 신혼부부 특별공급과 생애최초 특별공급의 소득 기준도 각각 최대 140%(이전 120%), 130%(이전 100%)로 늘렸다.

이후 소개하는 내용에서 지역별, 특별공급 종류별 본인이 적용할 수 있는 틈새를 포착해 사전청약을 대비하길 바란다.

① **사전청약 시행:** 3기 신도시 등 공공택지에서 공급되는 공공분양 주택의 조기 공급 효과를 위해 본 청약보다 1~2년 앞서 2021년 7월부터 사전청약제[*]가 시행된다.

② **청약공고:** 아파트 블록(단지)별로 입지조건, 주택규모(면적), 세대수, 추정분양가격^{**}, 개략설계도, 본 청약시기, 입주예정월 등의 정보를 제공한다.

(www.3기신도시.kr → 이곳에서 청약 알림 서비스를 신청하면 관심지구 청약 3~4개월 전에 문자로 청약 계획을 받아 볼 수 있다.)

③ **청약자격:** 거주 요건은 사전청약 당시 해당지역에 거주 중이면 신청할 수 있으나, 본 청약 시점까지 거주기간 요건을 충족해야 한다. 3기 신도시로 예정된 지역 중 투기과열지구인 과천, 하남은 거주 요건 2년을 충족해야 하고(2021년 1월 기준), 나머지 3기 신도시 예정 지역은 거주 요건 1년이다. 따라서 2021년 7월부터 사전청약이 시작되면 당시 해당지역에 거주 중이라면 신청 가능하고, 본 청약 시기가 도래했을 때 지역별 거주 요건을 맞춰 놓지 않으면 사전청약 시 당첨됐더라도 취소될 수 있다.

---

* 지구지정 → 지구계획 승인 → 사전청약 → 사업승인 → 착공 → 본 청약

** 분양가상한제 : 택지비 + 기본형건축비 + 가산비 (실제 분양가는 본 청약 시에 제공)

반면 사전청약 당시 소득 및 자산 등의 자격 요건이 충족돼 당첨자로 선정된 이후에는 소득 및 자산 요건을 추가로 심사하지 않는다.

④ **당첨자 선정:** 사전청약 당첨자와 그 세대에 속한 자는 다른 분양주택의 사전청약 신청이 제한된다. 사전청약 당첨주택에 입주하기 위해서는 무주택 요건을 유지해야 한다. 반면 사전청약에 당첨된 상태에서는 본 청약 전까지 재당첨 제한을 적용받지 않으며 본 청약 시점에 최종 입주 여부가 확정되면 재당첨 제한을 적용받는다. 즉, 사전청약에 당첨됐더라도 타 단지 일반청약의 신청 또는 주택 구입도 가능하다. 이 경우 사전청약으로 당첨된 주택에 입주할 수는 없다.

⑤ **입주 여부:** 본 청약 시행 전 분양가 등 확정된 정보를 사전청약 당첨자에게 제공해 청약 의사, 무주택 여부, 거주기간 요건 등을 확인한 후 확정한다.

⑥ **청약대상:**

· 공급 물량 ·

임대주택	본 청약		사천청약
13만호	6만호 공공분양	12만호 민간분양	6만호

2022년까지 공급되는 37만호 중 임대주택은 13만호이며, 분양주택은 사전청약 6만호, 본 청약 18만호 등 총 24만호가 공급될 계획이다. 본 청약(분양) 물량 18만호는 3기 신도시, 주거복지로드맵 지구 등 공공분양 6만호 + 민간분양 12만호***를 통해 공급된다.

** 민간분양 일정은 토지 매각, 사업 승인 등의 추진 과정에서 변경될 수 있다.

3기 신도시 사전청약
당첨 가능성 엿보기

국토부에서 발표한 내용은 여기까지다. 이 정보를 토대로 우리는 대응을 해야 한다. 사전청약 대상은 공공분양이다. 2020년 7월 28일 국토부 보도자료에서 밝힌 신혼부부 특별공급과 생애최초 특별공급의 공급 상한비율을 먼저 살펴보자. 그 다음 특별공급 신청 조건에 부합하는지 꼼꼼히 따져 보고, 어느 수준(점수)이면 당첨될 가능성이 있는지 판단한다.

· 특별공급 세대 배정과 생애최초 특별공급 확대 ·

구분		특별공급 구분					특별공급 배정비율	일반공급 배정비율
		기관추천	다자녀	노부모	신혼부부	생애최초		
국민(공공)주택	종전	15%	10%	5%	30%	20%	80%	20%
	변경	15%	10%	5%	30%	25%	85%	15%
민영주택	종전	10%	10%	3%	20%	0%	43%	57%
	변경 공공택지	10%	10%	3%	20%	15%	58%	42%
	민간택지	10%	10%	3%	20%	7%	50%	50%

이번 사전청약 대상은 국민(공공)주택 중 공공분양이다. 특별공급은 85%, 일반공급은 15%가 배정됐다. 2021년 7월부터 시작할 사전청약은 7.10 주택시장 안정 보완 대책에서 7월 29일 입법예고를 한다고 밝힌 생애최초 특별공급 확대 방안이 적용될 예정이다. 공공분양 내 일반공급은 20%에서 15%로 줄이고(일반공급은 납입금액 총액 순으로 당첨자 선발), 생애최초 특별공급은 20%에서 25%로 늘렸다.

지금부터 기관추천 특별공급을 간단히 살펴본 후 신혼부부, 생애최초 특별공급을 집중적으로 설명하겠다.

3기 신도시 사전청약
기관추천 특별공급

- **장애인:** 각 시 · 군청 홈페이지를 통해 모집공고를 확인할 수 있으며, 신청사가 서수하는 주민센터에 알람 서비스도 등록이 가능하다.
- **국가유공자:** 신청자가 거주하는 지역에 담당하는 보훈지청이 있다. 매년 1월마다 특별공급 대상자를 신청받으며 순번이 부여된다.
- **장기복무군인:** 10년 이상 복무한 군인을 대상으로 선발하며 국군복지포털(www.welfare.mil.kr)을 통해 모집공고를 확인, 신청이 가능하다.
- **이 외 기관추천:** 지자체철거민(시청), 의사상자·다문화가족(시 · 도청), 북한이탈주민(통일부 하나원), 우수기능인(한국산업인력공단), 중소기업근로자(경기지방중소벤처기업청), 공무원(공무원연금공단), 납북피해자(통일부), 우수선수(대한체육회), 대한민국체육유공자(국민체육진흥공단)

  → 위 기관에 소속되거나 해당하는 사람은 사이트에 문의 또는 전화로 자격 조건이 되는지 반드시 확인한다. 기회를 모르고 놓친다면 그것만큼 안타까운 일은 없다.

3기 신도시 사전청약
신혼부부 특별공급

공공분양 신혼부부 특별공급이 민간분양과 가장 크게 다른 점은 자산 요건과 점수 계산이 있다는 것이다. 부동산은 2억 1550만 원, 자동차는 2,764만 원 이내로 보유해야 지원이 가능한데 투기과열지구 1순위 자격 요건이 무주택 세대주이기 때문에 부동산 자산 요건보다는 자동차 보유 기준이 관건이다. 금액은 시세가 아닌 공시가격을 기준으로 하고, 자동차는 최초등록일로부터 매년 10% 감가된다.

· 신혼부부 특별공급 공공분양과 민간분양 차이 ·

구분	공공분양	민간분양
청약통장 가입기간	6개월, 6회	6개월
자산 요건	적용	미적용
소득 요건	적용	적용
세대주 요건	미적용	미적용

배정비율	30%	20%
점수 계산	13점 만점	없음
당첨자 선정	점수	자녀수
동점자 처리	추첨	추첨

· 공공분양 신혼부부 특별공급 가점항목 ·

항목	기준	비고
가구 소득	월평균소득이 전년도 도시근로자 가구당 월평균소득의 80%(배우자 소득이 있는 경우 100%) 이하인 경우: 1점	
자녀수	3명 이상: 3점 2명: 2점 1명: 1점	미성년 자녀를 말하며, 태아를 포함
해당주택건설지역 연속 거주기간	3년 이상: 3점 1년 이상 3년 미만: 2점 1년 미만: 1점	해당주택건설지역(시/군)에 거주하는 기간을 말하며, 해당지역에 거주하지 않는 경우 0점
주택청약 종합저축 납입 횟수	24회 이상: 3점 12회 이상 24회 미만: 2점 6회 이상 12회 미만: 1점	청약통장 순위(가입)확인서의 납입인정 횟수를 말함
혼인기간 (신혼부부에 한함)	3년 이하: 3점 3년 초과 5년 이하: 2점 5년 초과 7년 이하: 1점	예비신혼부부, 한부모가족은 선택 불가
자녀의 나이 (한부모가족에 한함)	2세 이하(만3세 미만): 3점 2세 초과 4세 이하(만5세 미만): 2점 4세 초과 6세 이하(막7세 미만): 1점	가장 어린 자녀의 나이 기준, 태아는 '자녀의 나이' 가점 선택 불가, 신혼/예비부부는 선택 불가

· 도시근로자 가구당 월평균 소득의 80%(2020년 기준) ·

단위: 원

신혼부부 특별공급 소득 기준	3인 이하	4인	5인	6인	7인	8인
80%	4,443,986	4,981,074	5,550,683	6,075,266	6,599,850	7,124,433
100%	5,554,983	6,226,342	6,938,354	7,594,083	8,249,812	8,905,541

공공분양 신혼부부 특별공급(이하 신혼 특공) 점수표는 만점 13점으로 구성된다. 11점 이상이면 당첨 확률이 높다. 최근 서울을 비롯한 투기과열지구 내 신혼 특공 청약자수를 보면 수천 명에서 만 명에 육박한다. 만일 하남 교산에 천 세대급 단지 내 공공분양 신혼 특공을 신청한다면, 하남 교산은 649만m^2 면적으로 수도권 대규모택지지구 66만m^2를 초과하기 때문에 당해 30%, 경기도 6개월 거주 20%, 수도권 50% 비율로 당첨자를 선발한다. 신혼 특공도 같은 비율이다.

총 분양 천 세대 중 30%인 300세대를 신혼 특공 배정세대로 놓고, 신혼 특공 청약자를 1만 명이라고 가정하면 평균 경쟁률은 33.33:1이 된다. 이 경우 당첨 가점 커트라인은 11점이 될 것이다. 11점을 받으려면 어떤 구성이어야 할까?

자녀수 2명 : 2점

거주기간 3년 이상 : 3점

청약납입 횟수 24회 이상 : 3점

혼인기간 3년 이하 : 3점

이 정도 점수면 3기 신도시 중 과천, 하남에서 경쟁력이 있다.

3기 신도시를 공급하는 다른 도시들도 예상해 보자.

• 3기 신도시 1순위 통장 개수 •

지구명	남양주 왕숙	하남 교산	인천 계양	고양 창릉	부천 대장	과천 과천	안산 장상
면적	1,134만㎡	649만㎡	335만㎡	813만㎡	343만㎡	155만㎡	221만㎡
세대수	66,000	32,000	17,000	38,000	20,000	7,000	14,000
1순위 통장수 (2020. 12 기준)	178.339	91,149	779,769	347,048	274,063	33,501	198,901
통장수 대비 세대 비율	37.0%	35.1%	2.2%	10.9%	7.3%	20.9%	7.0%

각 지구별 면적과 공급세대수, 그리고 2020년 12월 기준으로 해당 도시의 1순위 통장 개수이다. 1순위 통장 개수는 세대주 여부, 주택 소유 여부, 재당첨 제한은 걸러 내지 않고 가입기간 2년, 예치금만 납입했다면 산입됐기 때문에 허수가 존재한다는 것을 고려하길 바란다.

중요한 것은 통장 개수 대비 공급세대 비율이다. 사전청약 시 당해지역 거주 요건이 필수이기 때문에 3기 신도시 외 지역이나 서울에서 3기 신도시로 이사 후 청약하려는 예비청약자들의 전입 전략이 얼마나 맞아떨어질지가 굉장히 중요한 지표가 된다.

66만㎡ 이상 공공택지 내 세대 공급은 당해 30%, 경기도 6개월 이상 거주자 20%, 수도권 거주자 50% 비율로 공급한다. 따라서 당해지역 청약자는 3번의 당첨 기회가 부여된다.(당해 배정에서 떨어지면 다음 배정에서 경쟁) 무엇보다 과거 당첨 결과를 살펴보면 당해 청약자의 당첨 가능성이 훨씬 높기 때문에 전입 후 당해 요건을 갖추고자 하는 똑똑한 예비 청약자들이 많아지고 있는 상황이다.

통장 개수 대비 세대 비율 고려, 당해 당첨 확률이 높은 곳

: 남양주 왕숙, 하남 교산, 과천 과천

통장 개수로 당첨 가능성을 살펴봤다면 이번엔 분양가를 고려해 당첨 가능성을 엿보자. 북위례신도시 분양 시 전매제한이 8~10년임에도 불구하고 시세 대비 60% 분양가로 인해 청약자들의 관심을 얻은 사례에서 교훈을 얻을 수 있다. 청약자는 전매제한이 긴 것보다 저렴한 분양가를 원하니 반대로 청약자가 덜 관심을 가질 만한 즉, 시세와 근접한 분양가가 예상되는 지역을 공략해야 한다. 시세 100%에 가까울수록 전매제한은 3년이 적용된다. 2017~2020년까지의 상승률이 타 지역보다 낮았던 곳을 기준으로 살펴본다.

전매제한 3년 적용될 가능성이 높은 곳

: 안산 장상, 고양 창릉, 인천 계양, 남양주 왕숙

1순위 청약자 대비 공급 비율, 시세 대비 분양가 예상을 조합해 판단하면 해당지역에서 청약 시 당첨 확률이 높다는 결론에 다다른다. 그렇기에 '지금부터 전입해야 하나'라고 묻는다면 출퇴근 거리나 생활 패턴이

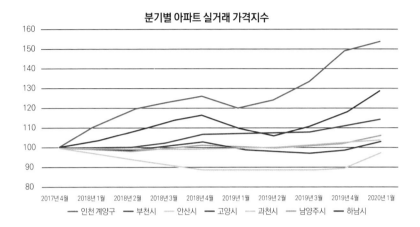

· 상승률이 타 지역보다 낮았던 곳 ·

분기별 아파트 실거래 가격지수

급격하게 바뀌지 않는 특별공급 대상자들은 충분히 고려해 볼만 하다.

당첨 가능성을 높이기 위해 전입을 고려하고 있는 예비청약자들은 늦어도 2021년 상반기까지 이사를 결정해야 한다. 사전청약 당시 당해에 거주로 청약을 한다고 해도 본 청약 시까지 투기과열지구 기준 2년 거주 요건을 채워야 하기 때문이다. 예를 들어 21년 10월에 하남으로 전입하고, 다음 달에 교산신도시 사전청약을 진행한다고 가정할 때 당첨 후 본 청약이 23년 10월 이전에 이뤄진다면 사전청약 당첨자는 투기과열지구 하남 당해 2년 거주 요건을 못 채워 부적격으로 당첨이 취소된다. 이런 최악의 상황을 대비하려면 2021년 상반기까지는 당첨을 원하는 지역에 전입해 둬야 한다.

3기 신도시 사전청약
생애최초 특별공급

2020년 7.10대책에서 생애최초 특별공급에 청약하는 신혼부부에게 소득 요건을 130%(맞벌이 140%)까지 완화해 주었다. 생애최초 신청 자격을 보자.

생애최초 신청 자격

1) 모든 세대원이 과거 주택 소유 사실이 없어야 함

2) 청약저축·주택청약종합저축 가입 후 2년, 24회 납입

3) 저축액 600만 원 이상

4) 모든 세대원이 재당첨 제한 사실이 없어야 함

5) 혼인 중이거나 미혼 자녀가 있는 사람

6) 근로자·자영업자로서 통산 5년 이상 소득세 납부

7) 도시근로자 가구당 월평균소득 100% 이하

8) 부동산(토지+건물) 2억 1,550만 원, 자동차 보유 기준 2,764만 원 충족

위에 언급한 모든 조건을 동시에 충족해야 한다. 생애최초 특별공급은 신혼부부 특별공급과 함께 가장 많은 관심과 청약자가 몰린다. 서울, 경기 지역 공공분양 신청 통계를 보면 생애최초 특별공급의 청약자수는 신혼부부 특별공급 청약자의 절반 수준이다. 30% 배정인 신혼부부 특별공급보다 5% 적은 25%를 선발하지만 경쟁률은 낮기 때문에 청약자 수를 절반으로 가정했을 때 당첨 확률은 1.66배 더 높다.

3기 신도시 사전청약
특별공급 당첨 전략

• **다자녀 특별공급 10%**: 민간분양과 동일한 점수표로 계산한다. 100점 만점이고, 70점 이상이어야 당첨 확률이 높다. 다자녀 특별공급 배정세대 중 50%는 당해, 50%는 수도권에서 선발하기 때문에 당해 신청자의 가점 커트라인이 낮다. 따라서 당해 청약자가 훨씬 유리하다.

• **노부모 특별공급 15%**: 납입총액 순으로 당첨자를 선정하는 일반분양의 방식과 동일하다. 노부모 특별공급의 공급물량은 일반공급 물량과 동일하지만 청약자수는 일반공급 대비 1/10 이하이다. 당첨 확률이 일반공급에 비해 10배 이상 높다는 뜻이다. 한편, 월 10만 원씩 15년 연속으로 납입했다면 1,800만 원이 통장에 쌓였을 텐데 이 정도면 과천, 교산을 제외한 나머지 3기 신도시에서 당첨이 가능하다. 과천, 교산은 2,200만 원 정도가 안정권이다.

특별공급 중 두 가지 조건에 모두 해당된다면 어떤 것으로 청약하는 게 유리한지 전략을 공개한다.

① 신혼부부 특별공급 vs 생애최초 특별공급

신혼부부 특별공급 점수가 11점 이상이라면 신혼 특공으로 접수하는 게 생애최초 특별공급보다 유리하다. 신혼 특공 점수가 10점이라면 지역에 따라 고민(과천, 하남은 생애최초 특별공급이 유리함)하고, 9점 이하는 생애최초 특별공급을 선택하는 것이 당첨 확률이 높다.

② 생애최초 특별공급 vs 다자녀 특별공급

다자녀 특별공급이 유리하다. 다자녀 특별공급의 신청자보다 생애최초 특별공급 신청자가 5~50배 이상 더 많다. 생애최초 특공 배정세대(25%)가 다자녀 특공 배정세대(10%)보다 더 많지만 다자녀 특공 청약자 수가 적은 만큼 경쟁률이 낮아진다.

③ 신혼부부 특별공급 vs 다자녀 특별공급

세 자녀인 신혼부부 특별공급 신청자는 가점제에서 세 자녀 점수인 3점을 취득할 수 있다. 하지만 자녀수가 많다는 것은 혼인기간도 길었을 확률이 높기 때문에 혼인기간 점수에서 높은 점수를 받기 힘들다. 그래도 신혼부부 특별공급과 다자녀 특별공급 조건에 모두 부합할 경우, 다자녀 특별공급에서 당첨될 확률이 더 높다.

3기 신도시 사전청약
일반공급 청약 설명

앞에서 언급한 특별공급에는 미혼 1인 가구에 대한 배려는 없다. 자녀가 있거나 많아야 유리한 다자녀, 신혼부부 특별공급은 지원 자격조차 안 되고, 생애최초 특별공급마저도 혼인 중이라는 단서가 붙는다. 노부모 특별공급도 3년 이상 부모님을 모시고 살아야 지원 자격이 부여된다. 미혼 1인 가구는 그나마 15% 배정 물량이 있는 일반공급이 유리하다.

공공분양과 일반공급 청약자격 요건과 당첨 요건은 아래와 같다.

〈자격 요건〉
- 입주자저축(주택청약종합저축, 청약저축)에 가입해 2년이 경과된 자로서 매월 약정납입일에 월 납입금을 24회 이상 납입한 사람
- 세대주인 사람

- 본인 또는 세대구성원 중 과거 5년 이내에 다른 주택(모든 지역, 모든 주택 포함)의 당첨자로 선정된 사실이 없는 사람

〈당첨 요건〉

- 3년 이상 무주택 세대구성원으로서 저축총액(주택청약종합저축 및 청약저축은 매월 최대 10만 원까지만 인정)이 많은 사람
- 저축총액이 많은 사람

월 10만 원씩 10년 납입한 4인 가족보다 월 10만 원씩 11년 납입한 1인 가구가 유리해지는 순간이다. 만약 청약에 당첨된 사실이 없고 현재 집을 보유하고 있으면서 청약저축을 10년 이상 10만 원씩 납입, 유지하고 있는 청약자가 있다면 집을 처분한 후 3기 신도시를 준비하는 것도 방법이다. 사전청약은 2021년부터 시작이지만 본 청약 때까지 최소 3~4년 이상은 기다려야 한다. 그렇기 때문에 무주택 요건을 만들고 3년을 유지하면 3기 신도시 본 청약 때는 꽤 많은 청약 납입금이 인정되므로 당첨 가능성이 매우 높다.

한 가지 팁을 더 준다면 주택청약종합저축보다 청약저축이 유리하다. 주택청약종합저축은 2009년 5월부터 가입자를 받았고, 사전청약 첫 실시를 2021년 7월로 가정할 때 연속해서 10만 원씩 납입한 자의 총액은 1,350만 원이 된다.

• 주택청약종합저축과 청약저축 가입자수 비교(2020년 기준) •

가입기간	종합저축	청약저축
6개월 미만	2,306,737	–
6개월 이상	1,886,792	–
1년	3,428,207	–
2년	3,089,093	–
3년	2,545,775	–
4년	2,196,619	32
5년	1,954,452	118
6년	1,244,065	87
7년	1,240,427	88
8년	748,073	86
9년	864,015	119
10년	975,285	295
11년	2,364,781	26,501
12년	–	63,706
13년	–	81,448
14년	–	67,278
15년	–	215,182
합계	24,844,321	454,940

위 표에서 보면 주택청약종합저축 최대 가입기간은 11년으로 가입자 수는 약 236만 명에 달하는 데 비해 청약저축은 15년 이상 가입자가 약 21만 명밖에 되지 않아 훨씬 유리한 상황이다. 공공분양에 청약할 수

있는 청약저축통장에 월 10만 원씩 15년 이상 꾸준히 납입해왔다면 금액과 경쟁 면에서 당첨에 훨씬 유리한 포지션이 된다.

예를 들어 주택청약종합저축 최초 가입년도인 2009년 5월부터 2021년 1월까지 월 10만 원씩 꾸준히 납입해왔다면 140개월, 총 1,400만 원이 납입 인정된 금액이다. 반면 주택청약종합저축 가입년도보다 훨씬 앞서 개설했고 월 10만원씩 20년을 납입한 청약저축 가입자의 경우 240개월, 총 2,400만 원이 납입 인정된 금액이다.
매월 납입회차 최대 인정금액 10만 원을 누가 더 꾸준히 납입했는지의 경쟁에서는 오래 묵힌 통장이 유리할 수밖에 없는 포지션이다.

다음에 나오는 내용은 공공분양 특별공급에 대한 상세 조건표이다.
민영(브랜드)아파트 청약을 주로 준비했던 청약자라면 공공분양에 대한 이해가 부족할 것이다. 공공분양 일반청약은 납입금이 많은 순서대로 당첨자를 선발하고, 공공분양 특별공급은 민영분양 특별공급과 당첨자 선정 기준이 다르므로 〈공공분양 특별공급 자격요건과 자산 및 소득요건표〉를 참고하길 바란다.

■ 공급대상별 입주자저축 및 자산·소득 요건

신청자격	특별공급					일반공급			
						1순위		2순위	
	기관추천	다자녀가구	신혼부부	노부모부양	생애최초	60㎡이하	60㎡초과~85㎡이하	60㎡이하	60㎡초과~85㎡이하
입주자저축	필요 (6개월, 6회 이상) ※ 국가유공자, 장애인 등 불필요	필요 (6개월, 6회 이상)	필요 (6개월, 6회 이상)	필요 (24개월, 24회 이상)	필요 (24개월, 24회 이상) ※ 선납금 포함 600만원 이상	필요 (24개월, 24회 이상)	필요 (24개월, 24회 이상)	필요 (2순위)	필요 (2순위)
자산요건	미적용	적용	적용	적용	적용	적용	미적용	적용	미적용
소득요건	미적용	적용	적용	적용	적용	적용	미적용	적용	미적용
세대주요건	미적용	미적용	미적용	적용	적용	적용	적용	미적용	미적용

공급유형	구분	3인 이하	4인	5인	6인	7인	8인
					가구당 월평균균소득액 산정기준		
일반공급(전용면적 60㎡이하), 생애최초, 신혼부부(배우자소득이 없는 경우)	도시근로자 가구당 월평균소득액의 100%	5,554,983원	6,226,342원	6,938,354원	7,594,083원	8,249,812원	8,905,541원
노부모부양, 다자녀가구, 신혼부부(배우자소득이 있는 경우)	도시근로자 가구당 월평균소득액의 120%	6,665,980원	7,471,610원	8,326,025원	9,112,900원	9,899,774원	10,686,649원

구분	가구당 월평균균소득액 산정기준
	※ 위 가구원수 산정기준에 따라 신청된 가구원 중 주택공급신청자 및 만19세 이상 무주택세대구성원 전원의 소득을 합산 ※ 단, 세대원의 실종, 별거 등으로 소득파악이 불가능한 경우에는 주민등록표등본 말소를 확인하고 소득산정 대상에서 제외

구분	자산보유기준
부동산 (건물+토지)	215,500천원 이하
자동차	27,640천원 이하

가구원수 적용기준

구분	청약 유형별 가구원수 적용 기준
신혼부부·다자녀가구 특별공급, 일반공급(60㎡이하)	2명 이상의 '주택세대구성원'에 해당하는 자 전원을 포함하며 신청하되, 예비신혼부부는 입주 시 제출하는 주민등록표등본에 등재되는 '본인으로 구성될 세대'를 말함. ※ 단, 임신 중인 태아는 수만큼 가구원수로 산정
생애최초 특별공급	2명 이상의 '주택세대구성원'에 해당하는 자 전원을 포함하며 신청. 단, 직계존속은 주택공급신청자 또는 주택공급신청자의 배우자와 1년 이상 같은 주민등록표등본상 등재되어 있는 경우에만 가구원수에 포함하며, 임신 중인 태아는 가구원수에서 제외
노부모부양 특별공급	2명 이상의 '주택세대구성원'에 해당하는 자 전원과 피부양자 및 피부양자의 배우자를 포함하여 신청. 단, 임신 중인 태아는 가구원수에서 제외

순위자격 요건

■ 일반공급 순위별 자격 요건

순위	순위별 자격요건
1순위	· 세대주로서 입주자저축(주택청약종합저축, 청약저축)에 가입하여 2년이 경과된 분으로서 매월 약정납입일에 월 납입금을 24회 이상 납입한 분 · 본인 또는 세대구성원 중 과거 5년 이내 다른 주택(모든 주택)에 당첨자로 선정된 사실이 없는 분 (단, 과거 5년 이내에 다른 주택의 당첨자가 속해있는 무주택세대구성원일 경우에는 1순위가 되지 못함)
2순위	· 입주자 모집공고일 현재(2020.10.07) 입주자 저축(주택청약종합저축, 청약저축)에 가입하였으나, 1순위에 해당되지 아니하는 분

투기과열지구, 조정대상지역(청약과열지구)의 경우

재당첨제한

■ 재당첨제한 규제 (주택공급에 관한 규칙, 제54조에 의거, 둘 이상에 해당하는 경우 그 중 가장 긴 제한기간을 적용)

당첨된 주택의 구분	적용기간(당첨일로부터)		
- 투기과열지구에서 공급되는 주택(제1항제6호)　- 분양가상한제 적용주택(제1항제3호)	10년간		
- 청약과열지역에서 공급되는 주택(제1항제7호)	7년간		
- 토지임대주택(제1항제5호)　- 투기과열지구 내 정비조합(제2항제7조1가목)	5년간		
- 이전기관종사자 특별공급 주택(제1항제2호)　- 분양전환 공공임대주택(제1항제4호)	과밀억제권역	85㎡이하	5년
		85㎡초과	3년
- 기타당첨자(제3조제2항제1·2·4·6·8호)	그 외	85㎡이하	3년
		85㎡초과	1년

기관추천

추천대상자		입주자격 구비여부
국가유공자, 장애인	필요없음	
10년 이상 장기복무군인, 의사상자, 북한이탈주민, 납북피해자, 다문화가족, 공무원, 시책표彰, 중소기업근로자		입주자격(주택청약종합저축, 청약저축에 가입하여 6개월이 경과되고 매월 약정납입일에 월납입금을 6회 이상 납입한 자

※특별공급 대상자 추천기관(해당기관)
-국가유공자(시·도별 보훈청 복지과)
-장애인(시·군·구별 장애인복지과)
-10년 이상 장기복무군인(국군복지단 복지사업운영과)
-의사상자(시·도별 복지정책과)
-북한이탈주민(북한이탈주민정착지원사무소 교육기획과)
-납북피해자(통일부 이산가족과)
-다문화가족(시·도별 가족돌봄과/여성가족정책관/여성가족과)
-공무원(공무원연금공단 주택사업실),
-중소기업근로자(시·도별 중소벤처기업청)

■ 당첨자 선정방법
• 당첨자에 대한 동·호 배정은 타 특별공급 및 일반공급 당첨자와 함께 신청 주택형 내에서 동일·동별·층별·향별 구분 없이 한국감정원 컴퓨터 프로그램에 의해 일반공급 당첨자와 함께 무작위 추첨합니다. (미신청, 미계약 동·호 발생 시에도 동·호 변경불가)

다자녀

■ 신청자격
• 입주자모집공고일(2020.10.07.) 현재 대전광역시, 충청남도, 세종특별자치시에 거주하면서 아래 조건(①~④)을 모두 갖춘 분
① 입주자모집공고일 현재 만19세 미만(2001.10.08. ~ 2020.10.07. 기간 중 출생자)인 자녀(태아나 입양아 포함) 3명 이상을 둔 무주택세대구성원
※ 입양이 경우 입주 시까지 입양자격을 유지하여야 하고 입주지정기간 개시일 이후 입양상태를 증명할 수 있는 서류(입양관계증명서, 가족관계증명서)를 제출하여야 하며, 서류 미제출 또는 입주 전 파양한 경우에는 부적격 처리되어 당첨 취소 및 계약 취소되며, 향후 신청이 제한됩니다.
※ 임신의 경우 당첨서류 제출 시 출산관련자료(출생증명서, 유산·낙태 관련 진단서)를 제출하여야 하며 서류 미제출, 허위임신, 불법낙태의 경우 당첨취소 및 부적격 처리되어 향후 신청이 제한됩니다. (출산 관련 자료는 공고일 현재 임신사실 확인이 가능해야 합니다.)
※ 당첨서류 제출 시 임신진단서를 제출한 분은 입주 시까지 출산증명서 또는 유산·낙태 관련 진단서를 제출하여야 합니다.
※ 제출으로 지체가 아닌 자녀를 부양하는 경우 자녀임을 입증할 수 있는 자녀의 가족관계증명서를 제출하여야 합니다.
※ 자녀 중 전부 또는 일부가 주민등록상 신청자와 세대를 달리할 경우(가족가족관계의 등록 등에 관한 법률에 따라 가족관계증명서를 제출하여야 합니다.

※ 이혼, 재혼한 경우 주택공급신청자 본인의 자녀는 주택공급신청자 또는 주택공급신청자와 동일한 주민등록표등본에 등재된 경우에 한하여 자녀 수에 포함되며, 재혼한 배우자의 자녀는 주택공급신청자와 동일한 주민등록표등본에 등재된 경우에 한하여 자녀 수로 인정됩니다.

② 입주자모집공고일 현재 입주자저축(주택청약종합저축, 청약저축)에 가입하여 6개월이 경과되고 매월 약정납입일에 월납입금을 6회 이상 납입한 분

③ 입주자모집공고일 현재 "<표2> 부동산 및 자동차 소유에 관한 자산보유기준"을 충족한 분

④ 무주택세대구성원 전원의 월평균소득이 "<표3> 전년도 전년도 도시근로자 가구당 월평균소득(6인 이상인 세대는 가구원수별 가구당 월평균소득을 말함)의 120%이하인 분

다자녀가구 특별공급 소득기준

도시근로자 가구당 월평균소득액의 120%	3인 이하	4인	5인	6인	7인	8인
	6,665,980원	7,471,610원	8,326,025원	9,112,900원	9,899,774원	10,686,649원

■ 배점기준표

평점요소	총배점	기준	점수	비고
계	100			
미성년 자녀수 (1)	40	5명 이상	40	자녀(태아나 입양아를 포함한다. 이하 이 표에서 같다)는 입주자모집공고일 현재 미성년자인 경우만 포함
		4명	35	
		3명	30	
영유아 자녀수 (2)	15	3명 이상	15	영유아(태아를 포함한다)는 입주자모집공고일 현재 만6세 미만의 자녀
		2명	10	
		1명	5	
세대구성 (3)	5	3세대 이상	5	공급신청자와 직계존속(배우자의 직계존속을 포함하며 무주택자로 한정)이 입주자모집공고일 현재로부터 과거 3년 이상 계속하여 동일 주민등록표등본에 등재
		한부모 가족	5	공급신청자가한부모가족지원법 시행규칙 제3조에 따라 여성가족부 장관이 정하는 한부모 가족으로 5년이 경과된 자
무주택 기 간 (4)	20	10년 이상	20	배우자의 직계존속(공급신청자 또는 배우자의 동일 주민등록표등본에 등재된 경우에 한정)도 무주택자이어야 하며, 무주택기간은 공급신청자 및 배우자의 무주택기간을 산정
		5년 이상 10년 미만	15	
		1년 이상 5년 미만	10	
해당 시·도 거주 기간 (5)	15	10년 이상	15	공급신청자가 대전광역시, 충청남도, 세종특별자치시에 입주자모집공고일 현재까지 계속하여 거주한 기간
		5년 이상 ~ 10년 미만	10	※ 시는 광역시·특별자치시 기준이고, 도는 도·특별자치도 기준이며, 수도권의 경우 서울·경기·인천지역 전체를 해당 시·도로 본다.
		1년 이상 ~ 5년 미만	5	
입주자 저축 가입기간 (6)	5	10년 이상	5	입주자모집공고일 현재 공급신청자의 가입기간을 기준으로 하며 입주자저축의 종류, 금액, 가입자 명의 변경을 한 경우에도 최초 가입일 기준으로 산정

* 동점자 처리 기준
:① 미성년 자녀수가 많은 분
:② 미성년 자녀수가 같을 경우 공급신청자의 연령(연월일 계산)이 많은 분

■ 신청자격
• 입주자모집공고일(2020.10.07.) 현재 대전광역시, 충청남도, 세종특별자치시에 거주하면서 아래 조건(①~⑤)을 모두 갖춘 분

① 입주자모집공고일 현재 만65세 이상의 직계존속(배우자의 직계존속 포함)을 3년 이상 계속하여 부양(같은 세대별 주민등록표등본상에 등재되어 있는 경우에 한함)하고 있는 무주택세대구성원 중 세대주 (단, 피부양 직계존속이 주택을 소유하고 있더라도 주택공급신청자가 과거 5년 이내 당첨된 자의 세대에 속하여 있거나 전입하고 있는 직계존속이 주택을 소유하고 있는 경우는 부양에서 제외, 신청 불가)

※주택공급에 관한 규칙 제27조 및 제46조에 따라 무주택세대구성원 세대주로서 과거 5년 이내 당첨된 자의 세대에 속하여 2년이 경과한 자로서 매월 약정 납입일에 월납입금을 24회 이상 납입 인정된 분만 노부모부양 특별공급에 가능합니다.

※ 호주제가 유지된 2007년 12월 31일 이전 만60세 이전 만60세 이전 직계존속이나 장애인복지법 제2조에 따른 장애인 본인 장애인인 직계존속을 부양하고 있는 호주승계예정자로서 세대주로 인정받아 청약저축에 가입한 분 또는 입대주택(주택청약종합저축, 청약저축) 1순위자(입주자저축에 가입한 2년이 경과한 자로서 매월 약정납입일에 월 납입금을 24회 이상 납입한 분

② 입주자모집공고일 현재 입주자저축(주택청약종합저축, 청약저축)

③ 입주자모집공고일 현재 <표2> 부동산 및 자동차 소유에 관한 자산요유기준을 충족한 분

④ 무주택세대구성원 전원의 월평균소득(공급신청자 및 만 19세 이상의 무주택세대구성원 전원과 피부양자 배우자의 소득을 포함) <표3> 전년도 도시근로자 가구당 월평균소득(4인 이상인 세대는 가구원수별 가구당 월평균소득을 말함)의 120% 이하인 분

노부모부양 특별공급 소득기준	3인 이하	4인	5인	6인	7인	8인
도시근로자 가구당 월평균소득액의 120%	6,665,980원	7,471,610원	8,326,025원	9,112,900원	9,899,774원	10,686,649원

⑤ 피부양 직계존속 전원이 무주택이어야 무주택이어야 함(피부양 직계존속의 배우자가 있을 경우 그 배우자도 무주택이어야 하며, 신청 시 피부양 직계존속의 배우자도 반드시 기재하여야 하며 피부양 직계존속의 배우자가 주택을 소유하고 있었던 기간은 무주택기간에서 제외함)
※ 예시 1 : 공급신청자가 만65세 이상 노부모(친모)를 부양하고 있는 경우, 노부모부양 특별공급 시 무주택 검증 대상 전원이 무주택요건을 갖추지 못하여 특별공급에 노부모부양 특별공급 신청이 불가능
※ 예시 2 : 노부모, 본인(세대주이자 신청자), 1주택 소유자인 누나 및 누나의 배우자가 동일한 세대를 구성하고 있는 경우, 누나는 본인과 직계존·비속 관계가 아니므로 동일한 주민등록표 등본상에 등재되어 있더라도 세대구성원이 아니라 공급신청자는 노부모 특별공급 신청이 가능함
※ 노부모부양 특별공급에서는 만60세 이상의 직계존속이 주택을 소유하고 있는 경우, 다른 공급유형과 달리 무주택자로 인정되지 않음

신혼부부

■ 신청자격 **(입주자모집공고일 기준 현재 당해 지역 거주)**

• 입주자모집공고일(2020.10.07.) 현재 대전광역시, 충청남도, 세종특별자치시에 거주하면서 아래 조건(①~④)을 모두 갖춘 분

① 입주자모집공고일 현재 신혼부부(혼인 중인 사람으로서 혼인기간이 7년(혼인신고일) 기준이며, 재혼을 포함하나 동일인과 결혼이 이전 혼인기간을 합산하여 산정)이내인 무주택세대구성원), 예비신혼부부(혼인을 계획 중이며 해당 주택의 입주 전까지 혼인사실을 증명할 수 있으며 혼인으로 구성할 세대원 전원이 무주택인 자), 한부모가족(6세 이하인(7세미만을 말함) 자녀(태아를 포함)를 둔 무주택 세대구성원)
 ※ (신혼부부) 혼인신고일부터 공고일 현재까지 계속하여 무주택이어야 함. 단, 혼인기간 중 주택을 소유한 적이 있는 신혼부부는 '18.12.18.까지 기존 소유 주택을 처분하여 처분일로부터 공고일 현재까지 계속하여 무주택세대구성원을 유지하면서, 공고일 현재 무주택기간이 2년 이상인 경우에 한해 2순위로 청약 가능
 ※ (예비신혼부부) 청약 시 기업한 예비 배우자와의 혼인관계증명서 및 혼인으로 구성될 세대의 세대별 주민등록등본을 입주 전까지 사업 주체로 제출해야 하며, 미성입 또는 전 배우자의 재혼된 사실이 확인되는 경우 「공공주택 특별법 시행규칙」 별표6. 제2호나목에 따라 계약이 해제되며, 입주도 불가함
 ※ (한부모가족) 「한부모가족지원법」에 따른 대상자도 신청 가능하나, 자녀는 가족관계증명서 및 주민등록표등본을 통해 공고일 현재 자녀 유무 등
 해당 시설을 증명할 수 있는 자를 말함.
 ※ 태아의 경우 임신진단서류 등을 통해 자녀 시설을 증명하여야 함. 단, 태아의 경우 자녀의 나이(가점을 선택할 수 없음.

② 입주자모집공고일 현재 해당 입주자저축(주택청약종합저축, 청약저축)에 가입하여 6개월이 경과되고 매월 약정납입일에 월납입금을 6회 이상 납입한 분

③ 입주자모집공고일 현재 "표2>의 부동산 및 자동차 소유에 관한 자산보유기준"을 충족한 분

④ 무주택세대구성원 전원(예비신혼부부의 경우 "혼인으로 구성될 세대의 세대구성원 전원)의 월평균소득이 "표3> 전년도 도시근로자 가구당 월평균소득(4인 이상인 세대는 가구 원수별 가구당 월평균소득을 말함)"의 100%(단, 배우자가 소득이 있는 경우에는 120%) 이하인(분양전환공공임대주택의 경우 120%) 이하인분(배우자가 소득이 있는 경우, 부부 중 1인의 소득이 전년도 도시근로자 가구당 월평균소득의 100%를 초과하지 않아야 함)

신혼부부 특별공급 소득기준	3인 이하	4인	5인	6인	7인	8인
배우자소득 없는 경우	도시근로자 가구당월평균소득액의 100%	5,554,983원	6,226,342원	6,938,354원	7,594,083원	8,249,812원	8,905,541원
배우자소득 있는 경우	도시근로자 가구당월평균소득액의 120%	6,665,980원	7,471,610원	8,326,025원	9,112,900원	9,899,774원	10,686,649원

 ※ '배우자가 소득이 있는 경우'란 배우자가 근로소득 또는 사업소득이 있는 경우를 말함

■ 당첨자 선정방법

• 경쟁이 있을 경우에는 ① 순위 → ② 거주지역(공고일 현재 **당해지역** 거주하신 분 → 그 외 지역 거주자)에 의하여 공급합니다. 다만, 순위 내에서 경쟁이 있는 경우 아래 가점방을 다득점 순으로 선정하되, 순위 내에서 가점이 동일한 경우 추첨으로 당첨자를 선정합니다.

1순위	① 혼인기간 중 자녀를 출산(입신, 입양 포함)하여 미성년인 자녀가 있는 신혼부부
	② 6세 이하 자녀를 둔 한부모가족
2순위	① 예비신혼부부
	② 1순위에 해당하지 않는 신혼부부('18.12.18.까지 기존 소유 주택을 처분하여 처분일로부터 공고일 현재까지 계속하여 무주택구성원을 유지하면서, 공고일 현재 무주택기간이 2년 이상인 신혼부부 포함)

• 신혼부부 특별공급 가점항목

	항 목	기 준	비 고
(가)	가구소득	해당 세대의 월평균소득이 전년도 도시근로자 가구당 월평균 소득의 80%(배우자가 소득이 있는 경우 100%)이하인 경우 : 1점	미성년자인 자녀를 말하며, 태아를 포함
(나)	자녀의 수	3명 이상 : 3점 2명 : 2점 1명 : 1점	
(다)	해당 주택건설지역 연속거주기간	3년 이상 : 3점 1년 이상 3년 미만 : 2점 1년 미만 : 1점	해당주택건설지역(대전광역시)의 연속 거주 기간 해당지역에 거주하지 않는 경우는 0점
(라)	주택청약종합저축 납입횟수	24회 이상 : 3점 12회 이상 24회 미만 : 2점 6회 이상 12회 미만 : 1점	'청약통장 순위(가입)확인서'의 납입인정 횟수를 말함
(마)	혼인기간 (신혼부부에 한함)	3년 이하 : 3점 3년 초과 5년 이하 : 2점 5년 초과 7년 이하 : 1점	예비신혼부부, 한부모가족은 선택 불가
	자녀의 나이 (한부모가족에 한함)	2세 이하(만3세 미만) : 3점 2세 초과 4세 이하(만5세 미만) : 2점 4세 초과 6세 이하(만7세 미만) : 1점	가장 어린 자녀의 나이 기준으로 하되, 태아인 경우 '자녀의 나이' 가점을 선택할 수 없음 신혼부부·예비신혼부부는 선택 불가

※ '(가) 가구 소득' : 도시근로자 가구당 월평균 소득의 80%

신혼부부 특별공급 소득기준	3인 이하	4인	5인	6인	7인	8인
도시근로자 가구당 월평균소득액의 80%	4,443,986원	4,981,074원	5,550,683원	6,075,266원	6,599,850원	7,124,433원
도시근로자 가구당 월평균소득액의 100%(맞벌이)	5,554,983원	6,226,342원	6,938,354원	7,594,083원	8,249,812원	8,905,541원

생애최초

생애최초 (입주자모집공고일 기준 현재 당해 지역 거주)

■ 신청자격

• 입주자모집공고일(2020.10.07.) 현재 대전광역시, 충청남도, 세종특별자치시에 거주하면서 아래 조건(①~⑥)을 모두 갖춘 분

① 입주자모집공고일 현재 생애최초로 주택을 구입하는 무주택세대구성원 중 세대주(세대원)에 속한 모든 분이 과거 주택소유사실이 없어야 하며, 배우자가 결혼 전 주택소유사실이 있는 경우도 청약 불가)

② 입주자모집공고일 현재 입주자저축(주택청약종합저축, 청약저축) 1순위(2년)이 경과한 자로서 매월 약정납입일에 월 납입금을 24회 이상 납입한 자에 해당하는 무주택세대구성원으로서 저축액이 선납금을 포함하여 600만원 이상인 분

③ 입주자모집공고일 현재 혼인(재혼 포함)중이거나 미혼인 자녀(입양을 포함하며, 신청자가 혼인 중이 아닌 경우에는 동일한 주민등록표등본상에 등재되어 있는 자녀를 말함)가 있는 분

④ 입주자모집공고일 현재 근로자 또는 자영업자, 과거 1년 내에 소득세를 납부한 분(근로소득 또는 자영업자 또는 사업자가 아닌 경우에 한함)으로서 신청자 본인이 5년 이상 소득세를 납부한 분

※ 소득세는 소득세법 제19조(사업소득) 또는 제20조(근로소득)에 해당하는 소득에 대하여 납부하는 것을 말하며, 해당 소득세 납부의무자이나 소득공제·세액공제·세액감면 등으로 납부의무액이 없는 경우를 포함합니다.

⑤ 입주자모집공고일 현재 <표2> 부동산 및 자동차 소유에 관한 자산보유기준을 충족한 분

⑥ 무주택세대구성원 전원의 월평균소득이 <표3> 전년도 도시근로자 가구당 월평균소득기준[4인 이상인 세대는 가구원수별 가구당 월평균소득액의 직계존속은 공급신청자 또는 공급신청자의 배우자와 1년 이상 같은 주민등록표등본에 올라 있는 경우만 가구원수에 포함]의 100% 이하인 분

생애최초 특별공급 소득기준	3인 이하	4인	5인	6인	7인	8인
도시근로자 가구당 월평균소득액의 100%	5,554,983원	6,226,342원	6,938,354원	7,594,083원	8,249,812원	8,905,541원

■ 당첨자 선정방법

• 경쟁이 있을 경우에는 ① 거주지역(공고일 현재 주민등록표등본상 당해지역 : 가주자 → 그 외 : 당해지역   언주지역   가주자 → 그 외 ;   언주지역   가주자 → ② 추첨으로 당첨자를 선정합니다.

063

가점 60점으로
최저가점 타입 당첨

지역: 서울

단지: 신목동 파라곤

분양: 2020년 8월

일반가점: 60점(만점 84점)

특이사항: 분양가상한제 직전 마지막 서울 아파트 분양

신목동 파라곤은 2020년 8월에 분양했다. 수색증산뉴타운 3개 단지(DMC센트럴자이, DMC파인시티자이, DMC아트포레자이)가 분양가상한제 시행 직전에 분양해 6만 명 이상의 청약자가 몰린 직후였다.

40기 수강생인 쭈니맘님께서 예비 10번으로 떨어졌다는 안타까운 소식을 전하며 신목동 파라곤에 청약을 해야 하는지 고민을 토로했다. 예비 10번이었다면 수색증산뉴타운 3개 단지에서 가장 최저가점 커트라인을 기록했던 DMC파인시티자이(수색6구역)의 74B 타입에 청약했을 것이다. 같은 점수인데도 동점자 처리로 예비로 밀렸을 거라 추정한다.

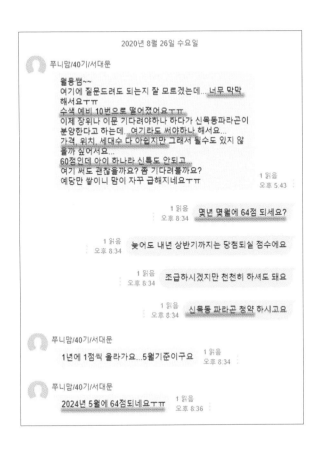

2020년 8월 26일 수요일

쭈니맘/40기/서대문

월용쌤~~
여기에 질문드려도 되는지 잘 모르겠는데... 너무 막막
해서요ㅜㅠ
수색 예비 10번으로 떨어졌어요ㅜㅠ
이제 장위나 이문 기다려야하나 하다가 신목동파라곤이
분양한다고 하는데... 여기라도 써야하나 해서요...
가격, 위치, 세대수 다 아쉽지만 그래서 될수도 있지 않
을까 싶어서요...
60점인데 아이 하나라 신통도 안되고
여기 써도 괜찮을까요? 좀 기다려볼까요?
예당만 쌓이니 맘이 자꾸 급해지네요ㅜㅠ
1 읽음
오후 5:43

1 읽음
오후 8:34 **몇년 몇월에 64점 되세요?**

1 읽음
오후 8:34 **늦어도 내년 상반기까지는 당첨되실 점수에요**

1 읽음
오후 8:34 조급하시겠지만 천천히 하셔도 돼요

1 읽음
오후 8:34 **신목동 파라곤 청약** 하시고요

쭈니맘/40기/서대문

1년에 1점씩 올라가요...5월기준이구요
1 읽음
오후 8:34

쭈니맘/40기/서대문

2024년 5월에 64점되네요ㅜㅠ
1 읽음
오후 8:36

"여기라도 써야 할까요? 가격, 위치, 세대수 다 아쉬운데…."

쭈니맘님은 시세보다 5억 이상 저렴한 분양가인 로또 청약 단지(수색증산뉴타운)에 낙첨된 후 크게 낙심했을 것이고, 신목동 파라곤의 청약 마진(주변 시세와 분양가의 차이)인 3억 정도는 기대에 못 미쳤을 것이다. 수강생들의 한 마디 속에는 숱한 고심의 흔적이 담겨 있다.

"60점인데 아이 하나라 신특도 안되고…."
"2024년 5월에 64점 되네요."

몇 년 몇 월에 64점이 되는지 역으로 물었다. 자녀가 한 명이어서 배우자와 함께 3인 가족이 되고, 3인 가족이 가질 수 있는 최대 청약가점은 64점이다. 서울의 청약과열 정도는 매년 다르기 때문에 쭈니맘님이 64점 되는 시기라면 어느 정도의 당첨 가능성이 있을까 미리 엿보려는 질문이었다. 쭈니맘님이 원하는 청약 단지를 기다리라고 할지, 아니면 신목동 파라곤이라도(라고 쓰지만 가성비 좋은 단지) 청약할지 방향을 정해드리려고 말이다. 특히 2020년부터는 서울 내 민영아파트 신혼부부 특별공급은 2자녀라도 경쟁이 치열하다. 그래서 자녀가 한 명뿐이라면 신혼부부 특별공급 당첨 가능성은 제로에 가깝다. 참고로 신혼부부 특별공급 당첨자 선정 기준은 자녀수가 많은 청약자 중에 추첨이라 세 자녀여야 안심하고 당첨을 기대할 수 있는 상황이다. 64점이 되는 시기도 당시 기준으로 3년 반 이상을 기다려야 했고, 수많은 변수를 고려해 "신목동 파라곤 청약하세요"라고 결론을 내려 답신했다.
베테랑 투자자가 아닌 이상 생애 첫 집을 청약으로 마련하는 분들은 확실한 결정을 내리기란 거의 불가능하기 때문에 더 많은 직간접 경험을 한 전문가의 판단이 더 정확한 편이다.

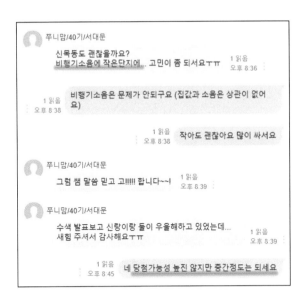

"신목동도 괜찮을까요? 비행기 소음에 작은 단지에…."

쭈니맘님이 언급했듯이 실거주를 불편하게 하는 것들이 청약을 망설이게 한다. 또한 아파트 값에도 영향을 준다고 생각한다. 하지만 이는 반은 맞고 반은 틀리다. 시세가 덜 오르는 것이지 안 오르거나 떨어지는 건 아니기 때문이다. 내 상황보다 항상 더 나은 것을 추구하는 사람의 본성 때문인데 이때는 객관적이고 정확한 판단이 필요하다. 비슷한 생각을 하는 사람들이 청약을 보류할 것이고, 전체 청약자가 적어지면 경쟁률과 가점이 낮아진다. 70점 이상 고가점자는 취사선택할 수 있지만 당시 60점의 '애매한' 점수로는 신목동 파라곤 조건이 그나마 '해 볼 만한' 적합한 단지였다. 청약자가 간과하는 또 한 가지는 우리 모두 유해

요소에 이미 노출돼 있는 경우가 많다는 것이다. 반포, 분당 등 수도권 고가 아파트도 고속도로와 붙어 있고, 아파트값이 두 세배 뛴 상암동은 쓰레기 매립지 위에 조성된 하늘공원이 바로 옆에 있다. 비행기 소음 이슈로는 마곡, 화곡 아파트값 상승을 해석할 수 없다. 느낌이 중요한 것이 아니라 팩트가 중요하다.

2020년 8월	주택형	공급세대	접수건수	경쟁률	가점최저	가점최고	평균
신목동 파라곤	59A	9	1838	204.22	64	72	67.11
	59B	7	1517	216.71	64	69	65.14
	74A	42	3418	81.38	59	69	61.93
	84A	17	3665	215.59	67	84	70
	84B	9	1896	210.67	64	74	66.78

2020년 9월 9일 수요일

푸니맘/40기/서대문

월용쌤~~
저 신목동파라곤 74타입 됐어요ㅜㅜ
너무 감사해요
넣어보라고 조언 안해주셨음 그냥 넘겼을텐데...
점수 간당간당하게 되서 너무 좋네요ㅜㅜ
늦은 시간이지만 감사인사 드리고 싶었어요~~~
1 읽음
오전 12:44

2020년 9월 14일 월요일

1점 차이로 폴깃하게 되셨네요!
59점도 동점자가 많아서 뒷번호 받으신분들이 많아요
1 읽음
오전 9:28
분상제 전 마지막 입장하신것 진심으로 축하드립니다~!

정확한 방향을 제시했고 믿고 실행해 준 쭈니맘님은 74A 타입을 선택해 1점 차이로 당첨되는 기쁜 소식을 전해왔다. 74A를 추천한 이유는 경쟁률과 가점이 가장 낮을 거라고 예상했기 때문이다. 2019년부터 59㎡보다 84㎡를 선택하는 청약자가 많아져 낮은 점수로는 인기 많은 84㎡를 피해야 했다. 일반적으로 공급세대가 많은 타입에 더 많은 청약자가 몰리지만 공급세대가 10세대 이하로 절대숫자가 작아져 버리면 많이 몰리지 않을 것이라 판단하고 청약자들이 더 몰릴 수도 있기 때문에 59㎡도 피하도록 했다. 만약 74A가 아닌 다른 타입을 선택했다면 2020년 이후 청약은 물론 본격적인 서울 분양가상한제 대상인 아파트의 분양시기엔 당첨 확률이 제로에 가까웠을 것이다.

청약
맞춤
수업

Class2

주택 수에 따른 맞춤 청약 전략

Apartment Application Strategy

분양 시장에서 유주택자와 다주택자 청약자들의 설 자리가 좁아지고 있다. 반면 무주택자의 청약 당첨 가능성은 유주택자에 비해 월등히 높다. 무주택자는 유주택자와 다주택자에 비해 세금과 대출에서도 상대적으로 이점이 크다.

· 무주택자와 다주택자 비교 ·

구분		무주택자	다주택자
청약	투기과열지구	청약 1순위 대상	청약 1순위 아님
	조정대상지역		
	그 외		수도권, 광역시 외 청약 1순위 가능
대출	투기과열지구	9억까지 40%, 9~15억까지 20%	대출 불가
	조정대상지역	9억까지 50%, 9~15억까지 30%	
	그 외	70%	60%
세금	취득세	1~3%	1~12%
	종부세	0.6~3%(무주택에서 1주택자 된 후)	0.8~4%
	양도세	6~45%(무주택에서 1주택자 된 후)	6~75%

예비청약자들은 자신의 거주지역과 주택 보유수에 따라서 청약 포지션을 정해야 한다. 무주택이라도 가점이 낮아서 추첨제에 당첨을 기대해야 하는 청약자도 있고, 다주택자이지만 거주지가 수도권·광역시가 아닌 비규제지역이면 청약 1순위 가점제에 기대를 걸어볼 수도 있다. 이번 장에서는 주택 수와 거주지역에 따라 자신의 청약 포지션을 정해 보자.

무주택자
: 청약가점에 따라 전략이 달라진다

무주택자는 주택이 없는 것 자체가 엄청난 장점이다. 규제지역, 비규제 지역별 가점제·추첨제 비율에 따라 당첨 당락이 크게 갈린다. 같은 점수라도(예: 서울 50점 통장과 화성 50점 통장) 당첨이 불가능한 지역과 당첨이 쉽게 가능한 지역으로 나뉜다.

· 지역별, 면적별 가점제와 추첨제 비중 ·

구 분			투기과열지구	조정대상지역	조정대상지역 외 수도권, 광역시	기타 지역
85㎡ 이하	가점제		100%	75%	40%	40%
	추첨제	무주택자	–	18.75%	45%	60%
		처분1주택		6.25%	15%	
85㎡ 초과	가점제		50%	30%	–	0%
	추첨제	무주택자	37.5%	52.5%	75%	100%
		처분1주택	12.5%	17.5%	25%	

* 조정대상지역 외, 기타 지역에서는 85㎡ 이하 40% 가점제 가능 (예외: 인천 루원시티 20%)

위 표는 지역과 면적별로 가점제·추첨제 세대 배정비율을 보여 준다. 청약자가 가점 대상으로 할지 추첨 대상으로 할지 직접 선택할 수는 없다. 청약가점이 당첨 커트라인보다 낮으면 추첨제로 자동 변경돼 당첨자를 선정한다.

청약가점이 낮은 사람들은 '서울 당첨은 꿈도 못 꾼다'라고 얘기하곤 한다. 이는 투기과열지구 내 분양하는 전용면적 $85m^2$ 이하는 100% 가점제를 적용하기 때문이다. 그럼 $85m^2$ 초과를 선택하면 되지 않냐고 반문할 수 있다. 이런 주장은 반은 맞고 반은 틀리다.

서울에서 공급하는 아파트는 기존의 주택을 허물고 다시 짓는 재개발, 재건축이 대부분이다. 서울 내 택지를 새로 조성해 공급하는 물량은 거의 없다.(현재 공급 중인 서울 내 신규택지는 양원지구, 마곡지구, 강일지구 뿐이다.) 이런 재정비 구역들은 전용 $85m^2$ 초과 중대형 면적보다 $85m^2$ 이하를 주로 공급하기 때문에 중대형 분양 물량이 극소량이다. 게다가 9억 이상은 중도금대출이 불가한데, 서울 중대형 분양가는 9억을 훌쩍 뛰어넘어 청약자에게 큰 부담이 된다. 그럼에도 두둑한 현금을 보유한 가점이 낮은 무주택자나 기존주택처분 조건으로 당첨을 원하는 1주택자에겐 어쩔 수 없는 선택이기도 하다.

· 중대형 평수로 몰린 청약 결과 ·

2020년 8월	주택형	공급세대	접수건수	경쟁률	가점최저	가점최고	평균
	59A	46	5831	126.76	65	74	68.39
	59B	35	3586	102.46	64	72	66.4
	84A	153	3506	22.92	57	71	61.17
자양 롯데캐슬 리버파크 시그니처	84B	139	2277	16.38	56	69	59.95
	84C	29	552	19.03	55	64	57.86
	84D	3	357	119.00	56	60	58
	101A	10	7844	784.40	64	72	68
	101B	7	3786	540.86	67	69	68
		422	27739				

2020년 8월 자양1구역을 재개발한 자양 롯데캐슬 리버파크 시그니처의 경우, 85㎡ 초과 공급세대는 일반공급 422세대 중 고작 4%에 불과한 17세대가 전부였다. 17세대 공급에 청약자수는 전체 27,739건 대비 무려 42%에 달하는 11,630명이 참여해 수백 대 일의 경쟁률을 보였다.

그중 101A 타입 청약결과를 좀 더 자세히 들여다보자. 10세대 중 가점제는 5세대(50%), 추첨제는 5세대(50%)를 공급했다. 청약자 7,844명 중 5명이 64~72점 내 포진돼 있고 이들의 평균 가점은 68점이다. 가점제 낙첨자는 7,839명이다. 이들이 추첨제 5개 물량을 나눠 갖게 되고, 경쟁률을 계산하면 1,568대 1이 된다. 결국 당첨 확률은 0.064%다.

'가점이 낮으면 추첨으로 될 수도 있지'라는 막연한 생각과 실제 예시를 참고해 정확한 수치를 확인하는 것은 느낌이 완전히 다르다. '왜 난 그동안 청약에 당첨되지 않았는지' 여실히 깨닫게 되는 순간이다.

투기과열지구에서 전용 85m^2 이하 100% 가점제가 적용된 시점은 2017년 8.2대책 이후부터이고, 현재 기준(2021년 1월) 투기과열지구로 지정된 지역은 서울 전 지역, 과천, 성남 분당구·수정구, 광명, 하남, 수원, 안양, 안산 단원구, 구리, 군포, 의왕, 용인 수지구·기흥구, 동탄2신도시, 인천 연수구·남동구·서구, 대전(대덕구 제외), 대구 수성구, 창원 의창구, 세종시다.

2021년 1월 분위기를 반영하면 당해 기준 전용 85m^2 이하 당첨되는 '최저가점'대는 다음과 같다.

60점대	서울 전 지역, 성남시 분당구,
	공공택지 당해가 아닌 지역(과천, 하남, 동탄2, 세종)
50점대	과천, 하남, 수원, 수정구, 안양, 구리, 군포, 의왕, 용인 수지구 · 기흥구,
	동탄2, 대전, 부산, 대전, 울산, 창원
40점대	안양, 안산 단원구, 파주, 인천 연수구, 천안, 대구 수성구, 세종, 전주,
	광주, 여수, 순천, 광양
40점 미만	인천 남동구 · 서구, 경산, 논산, 공주

규제지역 추가 지정과 해제는 수시로 발생한다. 규제지역 지정 효과에 따른 심리적 위축은 3~6개월가량 지속되고, 시세가 전고점을 넘어 회복 이상의 상승을 보이는 시점엔 청약자수가 증가한다. 필자는 통상 한 개 분양단지에 만 개 이상의 청약 접수건수를 기록하면 과열됐다고 판단한다.

　반대로 규제지역 해제가 됐을 때는 청약 관심도가 급격하게 높아진다. 유주택자를 옥죄어 왔던 청약 1순위 조건과 대출 및 세금을 구조적으로 완화시키기 때문에 청약 수요를 비롯한 매매 수요의 유동성이 폭발적으로 증가한다. 따라서 규제지역 지정과 해제에 따른 청약과열 양상을 미리 가늠해 놓은 후 관심이 떨어지고, 과열되지 않은 시기를 공략할 필요가 있다.

1주택자
:기존주택처분 서약에 달려 있다

1주택자는 다주택자의 청약 포지션보다 한 단계 더 유리한 위치에 있다. 규제지역, 수도권과 광역시에서도 기존주택처분 서약을 하면 추첨제 물량 중 25% 세대를 배정받을 수 있기 때문이다.

□ 선정기준 확인

검증항목	고객선택
Q1 주택소유여부 입주자모집공고일 현재, 본인과 세대에 속한 자가 주택을 소유(분양권등 포함) 하였습니까? `상세설명` *분양권등 : 주택소유로 보는 경우 등 세부사항은 분양권등 참조 **분양권등 소유 시 : 1주택 소유(주택처분 미서약)만 선택 가능	○ 2주택 이상 소유(분양권등 포함) ○ 1주택 소유(주택처분 미서약) ○ 1주택 소유(주택처분 서약) ○ 아니오(무주택자)
Q2 과거 2년내 가점제 당첨여부 입주자모집공고일 현재, 본인과 세대에 속한 자 중 과거 2년 이내에 가점제로 당첨된 자가 있습니까? `상세설명`	○ 예 ○ 아니오

출처: 청약홈

실제 청약홈 사이트에 접속해 청약을 진행하다 보면 위와 같은 선택지가 나온다. 1주택 소유자가 '주택처분 미서약'을 선택한 후에 청약 경쟁률이 예비추첨자 비율을 초과하면 당첨자 선정 가능성이 아예 없어진다. 따라서 실제 당첨된 후 실거주를 원하는 1주택 청약자는 기존주택처분 서약을 필수로 선택해야 한다.

· 기존주택처분 서약을 할 경우 추첨 비중 ·

구 분			투기과열 지구	조정대상 지역	조정대상지역 외 수도권, 광역시	기타 지역
85㎡ 이하	가점제		100%	75%	40%	40%
	추첨제	무주택자	–	18.75%	45%	60%
		처분1주택		6.25%	15%	
85㎡ 초과	가점제		50%	30%	–	0%
	추첨제	무주택자	37.5%	52.5%	75%	100%
		처분1주택	12.5%	17.5%	25%	

위의 표에서 표시한 것처럼 처분 서약을 했어도 무주택자 당첨 확률에 비하면 초라한 수준이다. 1주택자는 다주택 청약자의 포지션과 마찬가지로 비선호 타입 위주로 선택해야 한다. 좋은 타입과 조망을 목표로 하기보다는 당첨 자체에 목표를 두는 분명한 선택이 필요하다.

1주택자가 처분 조건으로 청약해야 하는 곳은 규제지역이며, 비규제지역은 처분 조건과는 관계없다. 비규제지역 내에서 1주택자(다주택자 포함)는 처분 조건 없이 청약 후 경쟁이 발생해도 당첨이 될 수 있다.

다주택자
: 비규제지역, 비수도권, 비광역시를 공략한다

다주택자가 청약으로 당첨될 수 있는 곳은 투기과열지구, 조정대상지역, 수도권, 광역시를 제외한 지역이다. 이 지역은 중도금대출도 가능하며 청약 전 고려할 사항은 취득세율 정도이다.

• 다주택자 취득세율 개정안 •

	개정안		
	1주택	주택 가액에 따라 1~3%	
		조정	非조정
개인	2주택	8%	1~3%
	3주택	12%	8%
	4주택 이상	12%	12%

그런데 다주택자의 청약 포지션에는 한 가지 문제가 있다.

다주택자 청약 가능 지역 = 시세 상승이 더딘 지역

이렇게 해석된다. 물론 규제지역으로 지정되기 전의 천안, 아산, 전주 같은 대도시는 억대의 프리미엄을 노릴 수 있는 아파트도 있지만 대다수 지방 소도시 비규제지역은 큰 시세 상승을 기대하기 힘들다. 취득세율도 높아서 분양받은 후 비용은 더 들어가고 시세 상승에 대한 기대감도 낮기 때문에 지역별로 선별 작업은 필수다. 1, 2순위 청약에서 미달이 될 수도 있고, 6개월 또는 1년 이상 미분양이 지속될 가능성도 커서 굳이 청약통장을 사용할 필요가 없는 경우도 있다.

10년 이상 청약통장을 유지·납입하고 있는 다주택자는 시세보다 20% 이상 낮게 분양하는 아파트 외엔 청약통장을 아끼는 게 좋다.

다주택자이면서 청약저축이나 2000년 3월 26일 이전 가입한 청약예금, 청약부금을 보유하고 있는 사람은 직계비속(세대주 변경 시)으로 명의를 변경해 주어 무주택 자녀(직계비속)의 내 집 마련을 돕는 것도 좋은 방법이다.

청약통장 종류	명의변경 가능 사유
주택청약종합저축	• 가입자가 사망한 경우 그 상속인 명의로 변경
청약예금/청약부금 (2000.3.27. 이후 가입)	
청약예금/청약부금 (2000.3.26. 이전 가입) 및 청약저축	• 가입자가 사망한 경우 그 상속인 명의로 변경 • 가입자가 혼인한 경우 그 배우자 명의로 변경 • 가입자의 배우자 또는 직계존비속으로 세대주가 변경된 　경우 그 변경된 세대주 명의로 변경

　돈이 될 만한(프리미엄이 붙을 만한) 분양 아파트에 당첨되려면 다주택자는 어떤 포지션을 취해야 할까? 철저하게 비선호 타입(평면) 위주로 선택지를 좁혀야 한다. 필자가 국내 최초 청약 전문서로 출간했던《35세 인서울 청약의 법칙》에서 비선호 타입에 대한 중요성을 강조했으니 예비청약자 중 자세한 내용이 궁금하다면 참고하길 바란다.

　2020년 6월에 분양한 창원 성산 반도유보라 아이파크의 경우, 2019년 하반기부터 소위 말하는 대장 아파트의 가격이 오르며 상승 분위기가 주변지까지 퍼질 때 분양했다. 프리미엄이 형성될 분위기에 비규제지역이면서 비광역시인 창원에서 다주택자가 당첨될 수 있는 기회가 온 것이다.

• 창원 성산 반도유보라 아이파크 당첨 가점 •

2020년 6월	주택형	공급세대	접수건수	경쟁률	가점최저	가점최고	평균
창원 성산 반도유보라 아이비파크	64A	98	1235	12.60	58	69	61.43
	64B	56	273	4.88	41	62	49.57
	78	264	2777	10.52	52	72	58.77
	86P	21	484	23.05	–	–	–

다주택 청약자는 64B와 86P 두 타입 중 하나를 선택했어야 한다. 4인 가족이면서 청약통장이 15년 이상 됐다면 청약가점은 37점(부양가족 20점, 통장 가입기간 17점)으로 64B 선택 시 예비당첨 앞 순번을 배정받거나 추첨제에서 당첨이 됐을 수 있다. 86P를 선택했다면 추첨제 100%이기 때문에 무주택 고가점자와 동일한 조건에서 경쟁이 가능했다.

• 포레나 전주 에코시티 청약 경쟁률 •

2019년 10월	주택형	공급세대	접수건수	경쟁률	가점최저	가점최고	평균
포레나 전주 에코시티	84	120	9439	78.66	64	73	68
	116A	103	5571	54.09	–	–	–
	116B	38	535	14.08	–	–	–
	120	106	6184	58.34	–	–	–
	130	105	4695	44.71	–	–	–
	163	2	282	141.00	–	–	–
	167	1	158	158.00	–	–	–
	172	1	288	288.00	–	–	–

2019년 10월에 분양한 전주에서 최고로 뜨거웠던 포레나 전주 에코시티의 청약 결과이다. 116B는 유일한 타워형 타입에 공급세대가 가장 적어 다른 타입에 비해 경쟁률이 현저하게 낮았고, 이는 앞서 창원의 사례와 마찬가지로 다주택자는 다른 선택지를 고민할 필요 없이 116B를 청약했어야 함을 보여 준다.

청약하기 전 반드시
확인할 사항

재당첨 제한과 주택 수 산정 기준과 관련해 알아야 할 법률을 아래에 참조했다. 딱딱한 내용이지만 가벼운 마음으로 한 번씩 읽어 보길 바란다. 이해하기 어렵거나 추가로 궁금한 내용은 '부록 1 청약 관련 자주 묻는 질문 모음'에 재당첨 제한과 주택 수 관련 부분을 참고한다.

재당첨 제한 – 주택공급에관한규칙 제54조

① 다음 각 호의 어느 하나에 해당하는 주택에 당첨된 자의 세대(제47조의3에 따른 당첨자의 경우 주택공급신청자 및 그 배우자만 해당한다. 이하 이 조에서 같다)에 속한 자는 제2항에 따른 재당첨 제한기간 동안 다른 분양주택(분양전환공공임대주택을 포함하되, 투기과열지구 및 청약과열지역이 아닌 지역에서 공급되는 민영주택은 제외한다)의 입주자로 선정될 수 없다. 〈개정 2017. 11. 24., 2018. 5. 4., 2018. 12. 11.〉

1. 제3조제2항제1호·제2호·제4호·제6호, 같은 항 제7호가목(투기과열지구에서 공급되는 주택으로 한정한다) 및 같은 항 제8호의 주택

2. 제47조에 따라 이전기관 종사자 등에 특별공급되는 주택

3. 분양가상한제 적용주택

4. 분양전환공공임대주택

5. 토지임대주택

6. 투기과열지구에서 공급되는 주택

7. 청약과열지역에서 공급되는 주택

② 제1항에 따른 재당첨 제한기간은 다음 각 호의 구분에 따른다. 이 경우 당첨된 주택에 대한 제한기간이 둘 이상에 해당하는 경우 그중 가장 긴 제한기간을 적용한다. 〈개정 2020. 4. 17.〉

1. 당첨된 주택이 제1항제3호 및 제6호에 해당하는 경우: 당첨일부터 10년간

2. 당첨된 주택이 제1항제7호에 해당하는 경우: 당첨일부터 7년간

3. 당첨된 주택이 제1항제5호 및 제3조제2항제7호가목의 주택(투기과열지구에서 공급되는 주택으로 한정한다)인 경우: 당첨일부터 5년간

4. 당첨된 주택이 제1항제2호·제4호 및 제3조제2항제1호·제2호·제4호·제6호·제8호에 해당하는 경우로서 $85m^2$ 이하인 경우

가. 「수도권정비계획법」 제6조제1항에 따른 과밀억제권역(이하 "과밀억제권역"이라 한다)에서 당첨된 경우: 당첨일부터 5년간

나. 과밀억제권역 외의 지역에서 당첨된 경우: 당첨일부터 3년간

5. 당첨된 주택이 제1항제2호·제4호 및 제3조제2항제1호·제2호·제4호

· 제6호·제8호에 해당하는 경우로서 85㎡를 초과하는 경우

    가. 과밀억제권역에서 당첨된 경우: 당첨일부터 3년간

    나. 과밀억제권역 외의 지역에서 당첨된 경우: 당첨일부터 1년간

③ 전산관리지정기관은 제57조제1항에 따라 통보받은 당첨자명단을 전산검색하여 제2항 각 호의 어느 하나에 해당하는 기간 동안 제1항에 따른 재당첨 제한 적용주택의 당첨자가 된 자의 세대에 속한 자의 명단을 발견한 때에는 지체 없이 사업주체에게 그 사실을 통보하여야 한다. 〈개정 2017. 11. 24.〉

④ 제3항에 따라 통부를 받은 사업주체는 이들을 입주자 선정대상에서 제외하거나 주택공급계약을 취소하여야 한다. 〈개정 2017. 11. 24.〉

※ 법조문으로 자가 판단이 힘든 경우, 24p 청약홈 사용법 중 〈청약제한사항 확인 방법〉에서 확인할 수 있다.

주택 수 판정 기준 – **주택공급에관한규칙 제53조**

주택 소유 여부를 판단할 때 분양권 등을 갖고 있거나 주택 또는 분양권 등의 공유지분을 소유하고 있는 경우에는 주택을 소유하고 있는 것으로 보되, 다음 각 호의 어느 하나에 해당하는 경우에는 주택을 소유하지 아니한 것으로 본다. 다만, 공공임대주택의 공급, 제46조 「공공주택 특별법 시행규칙」 별표 6 제2호라목에 따른 특별공급의 경우 무주택 세대구성원에 해당하는지 여부를 판단할 때에는 제6호를 적용하지 아니

한다. 〈개정 2016. 5. 19., 2016. 8. 12., 2017. 11. 24., 2018. 12. 11.〉

1. 상속으로 주택의 공유지분을 취득한 사실이 판명되어 사업주체로부터 제52조제3항에 따라 부적격자로 통보받은 날부터 3개월 이내에 그 지분을 처분한 경우

2. 도시지역이 아닌 지역 또는 면의 행정구역(수도권은 제외한다)에 건축되어 있는 주택으로써 다음 각 목의 어느 하나에 해당하는 주택의 소유자가 해당 주택건설지역에 거주(상속으로 주택을 취득한 경우에는 피상속인이 거주한 것을 상속인이 거주한 것으로 본다)하다가 다른 주택건설지역으로 이주한 경우

  가. 사용승인 후 20년 이상 경과된 단독주택

  나. 85m^2 이하의 단독주택

  다. 소유자의 「가족관계의 등록 등에 관한 법률」에 따른 최초 등록기준지에 건축되어 있는 주택으로써 직계존속 또는 배우자로부터 상속 등에 의하여 이전받은 단독주택

3. 개인주택사업자가 분양을 목적으로 주택을 건설하여 이를 분양 완료하였거나 사업주체로부터 제52조제3항에 따른 부적격자로 통보받은 날부터 3개월 이내에 이를 처분한 경우

4. 세무서에 사업자로 등록한 개인사업자가 그 소속 근로자의 숙소로 사용하기 위하여 법 제5조제3항에 따라 주택을 건설하여 소유하고 있거나 사업주체가 정부시책의 일환으로 근로자에게 공급할 목적으로 사업계획 승인을 받아 건설한 주택을 공급받아 소유하고 있는 경우

5. 20m^2 이하의 주택 또는 분양권 등을 소유하고 있는 경우. 다만, 2호 또는 2세대 이상의 주택 또는 분양권 등을 소유하고 있는 사람은 제외한다.

6. 60세 이상의 직계존속(배우자의 직계존속을 포함한다)이 주택 또는 분양권 등을 소유하고 있는 경우

7. 건물등기부 또는 건축물대장 등의 공부상 주택으로 등재되어 있으나 주택이 낡아 사람이 살지 아니하는 폐가이거나 주택이 멸실되었거나 주택이 아닌 다른 용도로 사용되고 있는 경우로 사업주체로부터 제52조제3항에 따른 부적격자로 통보받은 날부터 3개월 이내에 이를 멸실시키거나 실제 사용하고 있는 용도로 공부를 정리한 경우

8. 무허가건물[종전의 「건축법」(법률 제7696호 건축법 일부개정법률로 개정되기 전의 것을 말한다) 제8조 및 제9조에 따라 건축허가 또는 건축신고 없이 건축한 건물을 말한다]을 소유하고 있는 경우. 이 경우 소유자는 해당 건물이 건축 당시의 법령에 따른 적법한 건물임을 증명하여야 한다.

9. 소형·저가주택 등을 1호 또는 1세대만을 소유한 세대에 속한 사람으로서 제28조에 따라 주택의 공급을 신청하는 경우

10. 제27조제5항 및 제28조제10항제1호에 따라 입주자를 선정하고 남은 주택을 선착순의 방법으로 공급받아 분양권 등을 소유하고 있는 경우(해당 분양권 등을 매수한 사람은 제외한다)

가점 51점으로
53점 커트라인 예비당첨

지역: 서울
단지: 강동 밀레니얼 중흥S클래스
분양: 2020년 8월
일반가점: 51점(만점 84점)
특이사항: 36세대 뽑는 타입에 예비당첨 8번을 부여받음

2020년 초부터 약 8개월 동안 상담을 진행했던 새출발님의 당첨 후기이다. 분양가상한제가 적용되는 현재 서울이라면 51점이란 점수는 당첨을 꿈꿀 수 없다. 당시에도 물론 당첨은 힘들었지만 그래도 틈새는 있었다. 서울 청약자 모두가 기다려 온 수색증산뉴타운의 입주자 모집공고가 오픈된 상황이었고 광진구 자양동 롯데캐슬 리버파크 시그니처, 강동구 밀레니얼 중흥S클래스, 천호역 힐스테이트 젠트리스는 그보다 한 주 전에 청약이 예정돼 있었다.

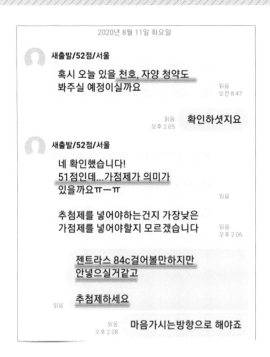

"젠트리스 84C(당첨 기대를) 걸어 볼만 하지만 안 넣으실 것 같고, 추첨제 (선택)하세요."

중도금대출이 가능한 분양가 9억 이하이면서 시세차익을 두 배 기대할 수 있을 정도로 '로또 분양'인 수색증산뉴타운을 기다리는 사람들이 앞에서 언급한 단지보다 서너 배 이상으로 많았다. 따라서 일시적으로 청약자수가 소강상태가 될 걸로 예상하며 당시 블로그에 이렇게 적었다.

그래도 고민이실 분들께 오늘의 청약 팁을 드리겠습니다.

청약자수가 중요합니다. 청약자수가 많이 몰리는 순서는 아래와 같습니다.

롯데캐슬 리버파크 시그니처
강동 밀레니얼 중흥S클래스
힐트테이트 천호역 젠트리스

각각 청약자 수는 2만8천명, 2만1천명, 3천5백 명으로 예상합니다.

이 경우, 50점대가 당첨될만한 타입은 이렇습니다.

롯데캐슬 리버파크 시그니처: 84B, 84C
강동 밀레니얼 중흥S클래스: 84B, 98/84A(60점 터치가능)
힐트테이트 천호역 젠트리스: 84A, 84C

모두 9억 초과 입니다.

더 이상 기다릴수가 없습니다.

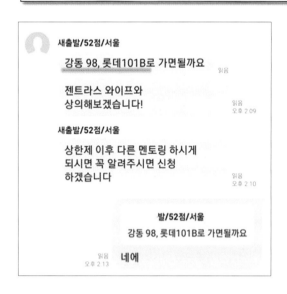

새출발/52점/서울
강동 98, 롯데101B로 가면될까요   읽음

젠트라스 와이프와
상의해보겠습니다!   읽음
오후 2.09

새출발/52점/서울
상한제 이후 다른 멘토링 하시게
되시면 꼭 알려주시면 신청
하겠습니다   읽음
오후 2.10

발/52점/서울
강동 98, 롯데101B로 가면될까요

읽음   네에
오후 2.13

이전에도 여러 차례 상담을 통해 새출발님의 청약 성향을 잘 알고 있었기에 당첨이 될 만한 단지와 타입을 추천했다. 만약 다른 선택지가 없으면 '이젠 청약은 물 건너갔다'는 반협박(?)으로 젠트리스를 강력 추천했겠지만, 강동 밀레니얼 중흥S클래스는 전용면적 $85\,m^2$ 초과 50% 추첨제 물량이 있고, 가점으로 당첨 가능성이 보였기 때문에 새출발님이 원하는 추첨제 평형을 해도 된다고 조언했다.

2020년 8월	주택형	공급세대	접수건수	경쟁률	가점최저	가점최고	평균
천호역 힐스테이트 젠트리스	84A	80	1719	21.49	49	62	52.11
	84B	40	990	24.75	51	68	53.78
	84C	40	613	15.33	48	55	50.75

2020년 8월	주택형	공급세대	접수건수	경쟁률	가점최저	가점최고	평균
자양 롯데캐슬 리버파크 시그니처	59A	46	5831	126.76	65	74	68.39
	59B	35	3586	102.46	64	72	66.4
	84A	153	3506	22.92	57	71	61.17
	84B	139	2277	16.38	56	69	59.95
	84C	29	552	19.03	55	64	57.86
	84D	3	357	119.00	56	60	58
	101A	10	7844	784.40	64	72	68
	101B	7	3786	540.86	67	69	68

2020년 8월	주택형	공급세대	접수건수	경쟁률	가점최저	가점최고	평균
강동 밀레니얼 중흥S클래스	25	1	114	114.00	56	56	56

	47A	50	1293	25.86	53	70	56.46
	47B	30	522	17.40	53	64	55.87
	50	10	443	44.30	54	61	56.4
	59	54	5759	106.65	63	69	64.37
강동 밀레니얼 중흥S클래스	84A	181	2619	14.47	52	70	56.06
	84B	79	1142	14.46	52	69	56.06
	98	36	2151	59.75	53	65	56.89
	102	63	4194	66.57	55	65	58.06
	114	26	591	22.73	49	58	52.23
	136	1	55	55.00	69	69	69

예상은 적중했다. 천호역 힐스테이트 젠트리스는 84A, C 타입 중에 선택했다면 당첨, 84B는 당첨 또는 예비당첨 앞 번호가 됐을 것이다. 자양 롯데캐슬 리버파크 시그니처는 공급세대수도 워낙 적은데다 시세와 분양가 차이를 확실하게 비교할 수 있는 이웃단지가 있어서 경쟁률과 가점 커트라인이 높았다. 강동 밀레니얼 중흥S클래스 추첨제 중 114타입을 선택했다면 당첨, 102, 114타입은 낙첨, 98타입은 새출발님의 가점 51점보다 2점이 높았다.

새출발님은 98타입에서 예비번호 8번을 받았고, 36명 중에 8명이 부적격이거나 계약 포기를 해야 순번이 오기 때문에 불안해했다. 그동안의 예비추첨 결과를 보면 예비당첨자는 공급세대의 20~30% 물량까지(36명의 경우 예비 7~11번까지)까지 순번이 배정된다. 부적격 당첨이 7자리

새출발/52점/서울

강사님, 안녕하세요.

강동 98 예비8번입니다.
가점제로 적용되서 8번인거겠죠?
모집인원이 적어서 쉽지않을것
같긴합니다 ㅠ-ㅠ

읽음
오전 10:34

2020년 8월 26일 수요일

당첨가능성있습니다

읽음

서류 준비하세요 ^^
오전 11:30

새출발/52점/서울

강동 중흥 98 예비8인데 부정당
7자리 나왔네요.
한자리..나올지 피가 말립니다ㅠ-ㅠ

읽음
오후 3:52

새출발/52점/서울

다음주 수요일에 계약하러 갈
예정입니다.

나중에 입주할때 조금이라도
분양가보다 올랐으면 하는
마음이네요..

조금은 시원섭섭합니다.

길고긴 무주택의 터널을 지나게
해주신 것은 모두 강사님 덕분입니다.

읽음
오후 1:12

라도 1번부터 7번 예비자 전부 예비추첨에 참석할 리는 만무하기 때문에(예비부적격, 다른 단지 당첨, 현금의 압박, 예비당첨은 포기해도 추첨에 참가하지 않으면 1순위 청약자격 유지 등) 순번은 무조건 오게 돼 있어서 안심해도 된다는 메시지를 남겼다.

"나중에 입주할 때 조금이라도 분양가보다 올랐으면 하는 마음이네요."

며칠이 지난 후 계약 일정이 잡혔다고 전해왔고, 감사의 인사와 함께 또 다른 불안감을 내비쳤다. 그런 새출발님에게 희소성 있는 중대형에 최소 17억은 될 자리라 안심을 넘어 더 큰 기대감을 심어드렸다. 이유는 이렇다.

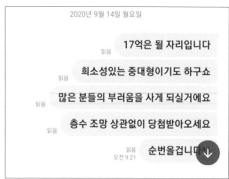

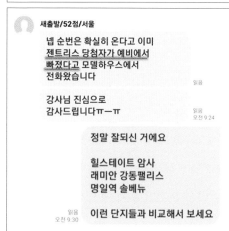

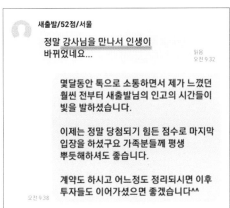

2020년 8월 분양 당시 이미 명일역 래미안솔베뉴 34평이 15억을 넘었고, 현대 고덕동 재건축 단지들은 이미 동일평형대가 20억을 육박한다. 닉네임대로 생애최초 내 집에 입주할 부푼 기대감으로 새 출발하게 될 새출발님을 진심으로 축하드리며 응원한다.

청약
맞춤
수업

Class3

가족 수에 따른
맞춤 청약 전략

Apartment Application Strategy

청약으로 공급하는 주택의 종류는 공급 주체에 따라 국민주택과 민영주택으로 나뉜다. 국민주택은 국가, 지자체 및 LH공사에서 건설하는 주택이고, 국민주택을 제외한 나머지가 민영주택이다. 국민주택과 민영주택을 분양할 때 당첨자를 선정하는 기준은 공급대상에 따라 다르고 복잡하다. 예를 들면 국민주택 중에서 공공분양의 경우 신혼부부 특별공급의 당첨자 선정 방식은 점수제(13점 만점)이고, 민영주택 신혼부부 특별공급의 당첨자 선정 방식은 자녀가 많은 순서이다.

가장 많은 청약자가 참여하는 민영주택 일반공급의 경우 당첨자 선정 방식(84점 만점) 기준에서 먼저 자신의 청약 포지션을 판단하는 것이 중요하다.

이번 장의 목표는 본인이 갖고 있는 청약통장의 가점을 확인하고, 현재 가족 수와 미래 가족계획에 따라 청약통장을 어떻게 활용할지 확인하고자 한다. 무주택기간 점수를 인정받으려면 청약을 하는 본인뿐만 아니라 같은 세대로 묶여 있는 가족구성원이 무주택이어야 한다. 4인 가족 기준으로 가점 계산을 해 보면, 부양가족 3명으로 20점, 청약통장 가입기간은 15년으로 17점 만점이 적용돼도 주택을 소유하고 있다면 37점이 최대 점수다 (무주택기간 점수 0점이므로).

다른 항목의 점수가 아무리 높아도 주택을 소유한 상태라면 규제지역에서는 청약 1순위 조건에 부합하지 않을 뿐더러 비규제지역 내 청약을 해도 무주택자에게 당첨 순위에서

밀리게 된다. 따라서 본 장에서는 무주택을 기준으로 설명한다.

주택 소유 여부에 따른 청약 맞춤 전략은 'Class2 주택 수에 따른 청약 맞춤 전략'에서 상세하게 소개했으니 해당 장을 참고한다. 또한 부양가족수가 적어 가점제 청약에서 불리하더라도 국민주택 공공분양에서 유리한 포지션을 취할 수 있는 팁도 이 장 후반부에서 공개한다. 우선 이 장에서는 민영주택 일반공급 가점제에서 무주택세대를 기준으로 설명하겠다.

· 청약통장 만점 기준 ·

무주택기간	32점
부양가족수	35점
청약통장 가입기간	17점
총점	84점 만점

민영분양 아파트에서 일반공급 가점은 총 3개 항목을 더해서 총 84점 만점으로 구성된다. 84점이라는 점수는 무주택기간 15년, 청약통장 가입기간 15년, 부양가족 6명이어야 가능하다. 각 항목별 정확한 계산 기준을 살펴본다.

무주택기간
: 현재 무주택이라면 기간 산정에 주의한다

세대구성원 중 누구라도 집을 갖고 있으면 무주택기간 점수는 받지 못한다. 매년마다 2점씩 가산되며 최대 15년 이상 32점을 초과하지 못한다.

• 무주택기간 점수표 •

가점항목	가점상한	가점구분	점수	가점구분	점수
무주택기간	32점	1년 미만	2	8년 이상~9년 미만	18
		1년 이상~2년 미만	4	9년 이상~10년 미만	20
		2년 이상~3년 미만	6	10년 이상~11년 미만	22
		3년 이상~4년 미만	8	11년 이상~12년 미만	24
		4년 이상~5년 미만	10	12년 이상~13년 미만	26
		5년 이상~6년 미만	12	13년 이상~14년 미만	28
		6년 이상~7년 미만	14	14년 이상~15년 미만	30
		7년 이상~8년 미만	16	15년 이상	32

무주택기간 점수 계산 시 주요 내용

- 집을 소유하면 무주택 점수 0점(전 세대원)

- 만 30세부터 무주택기간 기산

- 만 30세 이전 혼인 시 혼인신고일로부터

- 무주택이 된 날부터 기산(잔금일·등기일 중 빠른 날)

- 소형저가주택 한 채는 무주택으로 간주*

  (전용 60㎡ 이하, 공시가격 수도권 1.3억 이하, 지방 8천만 원 이하
  → 공시가격은 '부동산 공시가격 알리미(www.realtyprice.kr)'에서 확인 가능)

이혼 또는 재혼 시 무주택기간

Q. 만 30세 이전에 결혼한 후 이혼했다가 재혼한 경우는?

A. 재혼의 혼인신고일이 아니라 최초 혼인신고일이 무주택 기산일이 된다.

Q. 단독명의로 집을 갖고 있던 남편과 이혼한 아내의 무주택 기산일은?

A. 만 30세 또는 혼인신고일로부터 빠른 날로 한다.

Q. 이혼 전 공동명의로 된 집이 있었다면?

A. 집을 처분한 시점부터 무주택기간을 계산한다.

---

* 소형저가주택 한 채를 무주택으로 간주하는 기준은 일반공급 청약 시에만 적용된다. 공공분양에서는 전용 20㎡ 이하 한 채만 무주택으로 간주하며, 모든 특별공급에서는 소형저가주택을 한 채만 보유했더라도 주택을 소유한 것으로 간주한다.

부양가족

:가장 점수가 큰 만큼 미리 계획을 세운다

혼자 살면 부양가족은 0명으로 기본 5점이 부여된다. 부양가족 한 명씩 늘어날 때마다 5점씩 가산되며 부양가족으로 인정되는 수는 최대 6명, 35점이 최고 점수다. 여기서 주의할 점은 세대주를 제외한 나머지 세대원이 주민등록등본상 등재돼 있는 경우만 부양가족수로 인정된다.

· 부양가족수 점수표 ·

가점항목	가점상한	가점구분	점수	가점구분	점수
부양가족수	35점	0명	5	4명	25
		1명	10	5명	30
		2명	15	6명 이상	35
		3명	20		

부양가족 계산 시 주요 내용

- 세대분리 된 배우자 부양가족 인정*
- 주민등록등본상 등재된 세대원만 부양가족 인정
- 직계존속(부모·조부모), 직계비속(미혼자녀·손자녀)만 부양가족으로 인정
- 만 60세 이상 직계존속이 주택을 소유하고 있는 경우 부양가족 아님
- 같이 거주하는 손자녀는 자녀가 사망 시에만 부양가족으로 인정
- 직계존속을 부양가족으로 인정받으려면 주민등록등본상 3년 이상 함께 거주해야 함
- 기혼자녀는 부양가족으로 인정하지 않음
- 만 30세 미만 미혼 자녀는 등본상 거주기간은 관계없으나 만 30세 이상 미혼자녀는 1년 이상 함께 거주해야 함

부양가족 계산 시 자주 묻는 질문

Q. 재혼 배우자의 자녀가 주민등록등본에 등재돼 있다면?

A. 부양가족으로 인정받는다.

Q. 재혼 부부가 세대분리됐다면?

A. 세대분리 된 배우자의 자녀는 부양가족으로 인정되지 않고, 재혼 후 태어난 자녀만 부양가족으로 인정받는다.

---

* 세대분리 된 배우자와 자녀는 부양가족으로 인정받는다. 예를 들어 남편은 서울, 아내와 자녀 두 명은 부산에 거주할 경우 남편이 서울 아파트 청약 시 부양가족은 3명으로 인정, 아내도 부산 아파트 청약 시 동일하게 부양가족은 3명으로 인정받는다.

Q. 배우자가 외국인이라면?

A. 가족관계증명서로 부부 관계가 확인되면 부양가족으로 인정받는다.

Q. 직계존속과 3년 이상 등본상 등재돼 있지만
자녀로 세대주 변경한 지 1년 이내라면?

A. 직계존속의 주민등록 전입신고일이 기준이므로 부양가족은 세대주 변경 일로부터 기산하지 않는다. 따라서 부양가족으로 인정받는다.

Q. 시가, 처가 부모님은 부양가족으로 인정되는가?

A. 며느리, 사위와 주민등록등본상 3년 이내 거주하더라도 자녀가 3년 이상 모시는 경우에 부양가족으로 인정받는다.

Q. 군 복무 중인 자녀는 부양가족으로 인정되는가?

A. 부양가족으로 인정받는다.

청약통장 가입기간
: 만 17세부터 청약통장을 준비한다

현재 가입 가능한 청약통장은 두 가지다. 2009년 5월부터 가입을 시작한 주택청약종합저축과 2021년 12월 31일까지 가입이 가능한 청년우대형 청약통장이다. 주택청약종합저축은 조건이 된다면 청년우대형 청약통장으로 전환도 가능하다.

· 청약통장 기간별 점수표 ·

가점항목	가점상한	가점구분	점수
청약통장 가입기간	17점	6개월 미만	1
		6개월 이상~1년 미만	2
		1년 이상~2년 미만	3
		2년 이상~3년 미만	4
		3년 이상~4년 미만	5
		4년 이상~5년 미만	6

		5년 이상~6년 미만	7
청약통장 가입기간	17점	6년 이상~7년 미만	8
		7년 이상~8년 미만	9
		8년 이상~9년 미만	10
		9년 이상~10년 미만	11
		10년 이상~11년 미만	12
		11년 이상~12년 미만	13
		12년 이상~13년 미만	14
		13년 이상~14년 미만	15
		14년 이상~15년 미만	16
		15년 이상	17

청년우대형 청약통장이 이율과 소득공제, 비과세 혜택이 있기 때문에 다음 표를 통해 조건에 맞는지 확인한 후 조건을 충족한다면 전환하는 게 유리하다.

주택청약종합저축과 청년우대형 청약통장의 가입 조건과 비교 내용은 오른쪽 표를 참고한다.

• 주택청약종합저축 VS 청년우대형 청약통장 비교 •

구분	주택청약종합저축	청년우대형 청약통장
가입기간	2009년 5월부터	2021.12.31까지
대상	연령, 자격제한 없음	19~34세
월 납입액	2~50만 원	2~50만 원
공공주택	O	
민영주택	O	
청약가능 면적	모든 면적	

구분		주택청약종합저축	청년우대형 청약통장
가입 자격		누구나 가입	• 만 19~34세 (병역기간 6년까지 인정) • 연 3,000만 원 이하 소득 • 무주택 세대주 • 무주택 세대원 (가족 중 주택 소유자가 있으면 안 됨) • 가입 후 3년 내 무주택 예정 • 가입기간 2021.12.31까지
가입 조건	금리	연간 240만 원 범위 내 40% 공제	
	소득공제	연 최대 1.8%	5,000만 원까지 최대 3.3%
	비과세	없음 (이자소득세 15.4% 부과)	이자소득 500만 원까지 비과세 • 가입기간 2년 이상 • 무주택 세대주 • 연 3,000만 원 이하 근로자 • 종합소득 연 2,000만 원 이하 사업자

금리 비교	1년 미만	2년 미만	2년 이상	10년 초과
주택청약종합저축	1.0%	1.5%	1.8%	1.8%
청년우대형 청약통장	2.5%	3.0%	3.3%	1.8%

⟨청약통장 가입기간 계산 시 주요 내용⟩

- 만 17세부터 가입기간 인정
- 청약통장 변경 시에도 가입기간 유지

자녀가 태어난 이후부터 주택청약종합저축에 가입시키는 부모들이 많다. 미성년자는 10년에 2천만 원 증여가 가능해서 월 16만 원씩 청약 예치금을 납입하면 10년간 1,920만 원의 예치금이 쌓인다. 증여가 목적이 아닌 청약을 통해 미리 내 집 마련의 틀을 잡아 주고 싶은 부모라면 굳이 어렸을 때부터 청약통장에 납입할 필요는 없다. 청약통장 가입기간의 기산점이 만 17세부터이기 때문이다. 만약 17세 이전에 가입했다면 최대 2년을 인정해 준다.

만 19세인 자녀가 단독 세대주 자격으로 청약을 한다고 가정하면 자녀의 청약가점은 9점이 된다. (가입기간 2년 이상 4점, 부양가족 없음 5점, 무주택기간 없음 0점)

청약통장 변경 가능

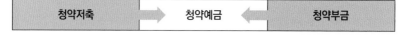

2015년 9월부터 가입이 중지된 청약저축, 청약예금, 청약부금 중에서 청약저축과 청약부금은 청약예금으로 변경이 가능하고, 가입기간도 인정된다. 단, 청약예금으로 변경된 통장은 다시 예전 통장으로 재변경이

불가하다. 변경된 통장으로 청약을 하려면 해당 단지의 모집공고일 전
날까지 변경해야 한다.

〈청약통장 관련 자주 묻는 질문〉

Q. 청약통장의 명의 변경이 가능한지?

A.

청약통장 종류	명의 변경 가능 사유
주택청약종합저축	• 가입자가 사망한 경우 그 상속인 명의로 변경
청약예금 · 청약부금 (2000.3.27. 이후 가입)	
청약예금 · 청약부금 (2000.3.26. 이전 가입) 및 청약저축	• 가입자가 사망한 경우 그 상속인 명의로 변경 • 가입자가 혼인한 경우 그 배우자 명의로 변경 • 가입자의 배우자 또는 직계존비속으로 세대주가 변경된 경우 그 변경된 세대주 명의로 변경

지금까지 민영주택 일반공급 아파트 청약 시 정확히 알아야 하는 가
점 계산과 헷갈려 하는 부분에 대해서 살펴보았다. 지금부터는 미혼(1
인 가구), 비혼(부모님 모심), 결혼, 이혼 등 가족계획에 따른 청약 맞춤 전
략을 같이 고민해 보려고 한다.

미혼 청약자(1인 가구)
: 예치금 순으로 선정하는 공공분양을 공략한다

미혼 청약자가 얻을 수 있는 최대 가점은 54점이다. 그마저도 만 45세에 도달 가능한 점수다. 만 30세부터 무주택 점수가 기산되기 때문이다. 인기 청약 지역에서는 당첨되기 어려운 점수이기도 하다. 아래 표를 보자.

· 세대주 나이에 따른 점수 계산 ·
무주택, 만 17세부터 청약통장 가입 가정 시

세대주 나이	총점	청약통장 가입기간 점수	무주택 점수	부양가족 점수
만 19세	9	4		
만 20세	10	5		
만 21세	11	6		
만 22세	12	7		
만 23세	13	8	0	5
만 24세	14	9		
만 25세	15	10		
만 26세	16	11		

만 27세	17	12		
만 28세	18	13	0	
만 29세	19	14		
만 30세	22	15	2	
만 31세	25	16	4	
만 32세	28		6	
만 33세	30		8	
만 34세	32		10	
만 35세	34		12	
만 36세	36		14	5
만 37세	38		16	
만 38세	40	17	18	
만 39세	42		20	
만 40세	44		22	
만 41세	46		24	
만 42세	48		26	
만 43세	50		28	
만 44세	52		30	
만 45세~	54		32	

1인 가구가 당첨 가능한 경우의 수는 무엇일까?

① 가점제 타입 경쟁률 20:1 이하

② 추첨제 타입

③ 공공분양

구분		투기과열	조정대상	그 외
85㎡ 이하	가점제	100%	75%	40%
	추첨제	0%	25%	60%
85㎡ 초과	가점제	50%	30%	0%
	추첨제	50%	70%	100%

① 가점제 타입 경쟁률 20:1 이하 / ② 추첨제 타입

표본의 단위, 즉 청약자수의 규모가 커질수록 표준정규분포 그래프도 흡사하게 그려진다. 보통 특정 타입의 경쟁률이 60:1이 넘으면 정규분포 그래프 오른쪽 끝단에서 가점 커트라인이 끊긴다. 소위 말하는 60점 이상 고가점자가 당첨되는 통계 구조다.

모든 지역이 일률적으로 60:1 이상 60점 가점 커트라인을 기록하는 것은 아니다. 규제지역별로 가점제 비율이 달라서 비율이 높을수록 가점은 하락한다. 예를 들어 투기과열지구(전용면적 85㎡ 이하 100% 가점제)와 비규제지역(전용면적 85㎡ 이하 40% 가점제)에서 특정 타입의 경쟁률이 동일하게 20:1을 기록했더라도 규제지역의 가점 컷은 42점, 비규제지역의 가점 컷은 48점, 이런 식으로 말이다. 인근 지역에서 최근 분양한 단지의 경쟁률과 당첨 커트라인을 확인하고 내 가점에 맞는 타입을 찾아보는 연습이 필요하다.

③ 공공분양

공공분양 내 일반공급 당첨자 선정 방식은 가점제가 아니라 예치금 금액 순이다. 예치금이 적고 부양가족이 많은 청약자보다 부양가족은 없으나 예치금이 많은 청약자가 당첨된다. 예치금은 최대 월 10만 원 씩 납입한 금액이 인정되며 통상 20년 이상 납입을 유지한 청약저축이 유리하다.

〈당첨자 선정 방식〉

민간분양: 청약가점 순

공공분양: 납입인정 금액 순

〈공공분양에 청약할 수 있는 통장〉

가능: 주택청약종합저축, 청약저축

불가: 청약예금, 청약부금

〈공공분양 청약 조건〉

1순위 자격 기준

자산 보유 기준

월평균소득 기준

전국 1순위 통장 개수 중 청약저축의 가입 비율은 2.5% 이내이다. 주택청약종합저축 가입자는 매달 늘고 있는 반면 청약저축의 가입 비율과 가입자 수는 매달 줄어들고 있다. 2015년 9월부터 가입이 금지돼 신규 가입자 수가 늘지 않는다. 공공분양에 당첨된 후 1순위 조건을 상실했거나 청약저축을 민영아파트 청약이 가능한 청약예금으로 변경한 경우 또는 집을 사서 청약을 해지한 경우도 있으니 매달 꽤 많은 청약통장 수가 줄어들고 있는 상황이다. 그렇기에 아직 당첨되지 않은 15년 이상 가입을 유지한 청약저축은 산삼처럼 귀하고 효능이 있다. 월 10만 원씩 꾸준히 납입했다고 가정한다면 공공분양 당첨을 기대할 수 있는 통상적인 납입 기준은 아래와 같다.

서울, 과천: 20년 이상 가입 통장(예치금 2,400만 원 이상)

서울 인접 공공분양: 15년 이상 가입 통장(예치금 1,800만 원 이상)

수도권 외곽, 지방소도시 공공분양: 8년 이내 가입 통장도 당첨 가능
(예치금 960만 원 이내)

2009년 5월부터 가입을 시작한 주택청약종합저축을 2020년 10월까지 매월 10만 원씩 납입했다면 127개월 동안 총 1,270만 원이 쌓여 있을 것이다. 서울, 수도권 중심지에 한 방을 쓰고자 준비하고 있는 청약자라면 충분한 예치금을 쌓기 전에 집을 매수해도 된다. 무주택기간과 부양가족수가 당첨자 선정 요건에 포함되지 않기 때문이다. 유주택자가 돼도 납입을 중지하지 않는다면 매월 예치금은 높아질 테니 현재

이 책을 읽고 있는 2030 비혼 예비청약자들에게는 한 줄기 희망이 된다.

　미혼 청약자들에게 한 가지 팁을 준다면, 직계존속(부모님)이 갖고 있는 청약저축을 물려받을 수도 있다.

청약예금·청약부금 (2000. 3. 26. 이전 가입) 및 청약저축	• 가입자가 사망한 경우 그 상속인 명의로 변경 • 가입자가 혼인한 경우 그 배우자 명의로 변경 • 가입자의 배우자 또는 직계존비속으로 세대주가 변경된 경우 그 변경된 세대주 명의로 변경

　부모님이 주택을 소유했어도 상관없다. 부모님이 2000년 3월 26일 전에 가입한 통장이 있다면, 부모님과 같은 세대를 구성하고, 직계비속인 본인으로 세대주를 변경하면서 청약저축을 물려받을 수 있다. 어떤 공공분양이든 20년 이상 된 통장은 당첨 가능성이 높은 황금 통장이 되는 것이다.

비혼 청약자(직계존속과 가구를 구성)
: 세대주를 본인으로 변경한다

비혼 1인 가구는 '미혼 청약자'에서 청약 포지션을 안내했으니 참고한다.

비혼자의 경우 청약 가점의 한계가 명확하다. 비혼자는 직계비손(자녀, 손자녀)이 없으니 부양가족으로는 직계존속(부모, 조부모)만 인정받는다. 직계존속을 부양가족으로 인정받더라도 세대주 본인이 나이가 들수록 부모님, 조부모님은 노쇠해지고 결국 분양을 받기 전 부양가족수가 줄어들 가능성이 높다. 또한 세대주 본인과 세대원 중에서 최근 주택을 처분한 기준으로 무주택기간이 산정되기 때문에 부양가족 모두 무주택을 최대한 오래 유지했어야 비혼자(부양가족수가 적을 수밖에 없는)의 가점을 어느 정도 커버할 수 있다.

부양가족은 부모님·조부모님 인정

부양가족 모두 무주택이어야 세대주 본인 무주택기간 인정

형제는 부양가족에서 제외

부모님을 모시고 있는 비혼 청약자의 가능한 현실 가점을 아래 표에 정리했다.

· 세대주 나이와 부양가족수에 따른 점수 계산 ·
만 30세부터 청약통장 가입 가정 시

세대주 나이	직계존속 수(명)				
	없음(싱글)	1명	2명	3명	4명
만 30세	8점	13점	18점	23점	28점
만 31세	12점	17점	22점	27점	32점
만 32세	15점	20점	25점	30점	35점
만 33세	18점	23점	28점	33점	38점
만 34세	21점	26점	31점	36점	41점
만 35세	24점	29점	34점	39점	44점
만 36세	27점	32점	37점	42점	47점
만 37세	30점	35점	40점	45점	50점
만 38세	33점	38점	43점	48점	53점
만 39세	36점	41점	46점	51점	56점
만 40세	39점	44점	49점	54점	59점
만 41세	42점	47점	52점	57점	62점
만 42세	45점	50점	55점	60점	65점
만 43세	48점	53점	58점	63점	68점
만 44세	51점	56점	61점	66점	71점
만 45세	54점	59점	64점	69점	74점

무주택 부모님을 세대원으로 둔 세대주(자녀)가 만 30세인 경우, 청약 점수는 18점이다. 시간이 흘러 부모님을 계속 모시면서 비혼자 본인이 만 45세가 된 경우엔 꽤 높은 점수인 64점이 된다. 그때까지 세대주와 세대원 모두 주택을 소유하지 않아야 한다.

주택을 소유하고 있는 부모님과 같이 살면서 비혼 청약자(자녀)인 경우는 세대주를 본인(자녀)으로 바꾸고 무주택 자격을 갖춘 상태로 청약을 한다. 이때 미혼 1인 가구와 동일한 조건에 놓인다.

만 60세 이상 부모님이 소유한 주택에 같이 살면서 세대주인 자녀가 청약할 때는 본인은 무주택 청약자로 인정받지만 부모님은 부양가족으로 인정받지 못하기 때문에 사실상 1인 가구와 같은 조건이다. 그래도 자녀로 세대주를 바꿔야 하는 이유는 규제지역 내 청약 1순위 조건이 무주택 세대주이기 때문이다.

배우자와 직계비속이 없는(부양가족이 없는) 비혼자의 경우 부양가족을 늘려 점수를 높일 수 있는 방법은 본인으로 세대주를 변경해 직계존속을 부양가족으로 만드는 수밖에 없다. 시간이 좀 더 흘러 직계존속 중한 명이 만 65세가 되면 노부모 부양 특별공급을 신청할 수 있다. 물론모든 세대 구성원이 무주택이어야 한다. 노부모 부양 특별공급 가점 계산은 일반가점 계산과 동일하다. 특별공급과 1순위 청약일에 모두 청약가능하며 둘 다 당첨 시 특별공급 당첨만 인정된다.

기혼 청약자
:가족계획에 따른 내 집 마련 계획을 세운다

1) 무자녀

사녀가 없는 혼인 가정은 부부 간 서로를 부양가족으로 여겨 부양가족 점수 10점을 인정받지만 이 부부가 도달할 수 있는 최대 가점은 59점이다. 민영주택 신혼부부 특별공급은 무자녀 청약자를 2순위로 보기 때문에 경쟁이 심한 단지에서 무자녀 신혼부부 특별공급 청약자는 예비 추첨만 기대해 볼 수 있다.

무자녀 청약자에게 당첨 가능성이 있는 것은 생애최초 특별공급이다. 하단의 조건에 부합하면 자녀가 없더라도 당첨자로 선정될 수 있다.

〈생애최초 신청 자격〉
- 모든 세대원이 과거 주택을 소유한 사실이 없어야 함

- 청약저축·주택청약종합저축 가입 후 2년, 24회 납입
- 저축액 600만 원 이상
- 모든 세대원이 재당첨 제한 사실이 없어야 함
- 혼인 중이거나 미혼 자녀가 있는 사람
- 근로자·자영업자로서 통산 5년 이상 소득세를 납부한 사람
- 도시근로자 가구당 월평균소득 100% 이하
- 부동산(토지+건물), 자동차 보유 기준 충족

2) 4인 가족

2019년 자녀수별 가구 통계자료를 보면 2자녀가 있는 가정이 전체 가구에서 49.1%를 차지한다. 1자녀 가구는 40.7%, 3자녀 이상인 가구는 10.2%의 수치를 보인다. 출산율이 1.00 이하로 떨어졌어도 누적된 전체 통계에서 가장 많은 비율인 2자녀, 4인 가족을 기준으로 생애 가점을 확인해 보겠다.

· 자녀수별 통계자료 ·

합계	1자녀	2자녀	3자녀	4자녀	5자녀 이상
5,077,047	2,068,518	2,492,312	472,344	38,359	5,514
100.00%	40.70%	49.10%	9.30%	0.80%	0.10%

통계청 '2018년 혼인 통계'에서 남편의 초혼 연령은 32.3세, 아내의 초혼 연령은 29.9세이다. 통계청 '2019년 출생 통계'에서 둘째아이를 출산하는 엄마의 평균 연령은 33.8세다. 남편은 아내 초혼 연령보다 2.4세가 높아, 둘째아이를 출산한 엄마의 평균 연령에 더하면 36.2세이다.

즉, 대한민국에서 2세를 출산해 4인 가족이 완성되는 남편(세대주 가정)의 평균 연령대를 36.2세로 계산하고, 만 30세부터 무주택기간과 통장가입기간을 기산해 4인 가족 생애 가점표를 만들어 보면 아래와 같다.

· 4인 가족 생애 가점표 ·

세대주 나이	총점	청약통장 가입기간 점수	무주택 점수	부양가족 점수
만 36세	42	8	14	
만 37세	45	9	16	
만 38세	48	10	18	
만 39세	51	11	20	
만 40세	54	12	22	20
만 41세	57	13	24	
만 42세	60	14	26	
만 43세	63	15	28	
만 44세	66	16	30	
만 45세 이상	69	17	32	

4인 가족의 최대 점수는 69점이다. 무주택기간과 청약통장 가입기간이 모두 만점이어야 한다는 전제에서다. 평균 경쟁률 60:1이 넘는 지역

내 분양하는 아파트에서 69점 당첨 커트라인을 종종 볼 수 있는 이유이다. 3인 가족이라면 5점을 뺀 64점이 최대 가점이고, 5인 가족이라면 5점을 더한 74점이 최대 가점이다.

현재 만 38세에 1자녀 무주택자이고, 둘째를 임신 중이라면 39세에는 51점이 되며 6년만 더 기다리면 어느 분양 아파트든 당첨될 수 있는 69점 가점이 된다. 이렇게 가족계획에 따른 내 집 마련 계획을 세우고 청약에 꾸준히 도전하다가 가성비 있는 단지에 커트라인 부근에서 당첨된다면 성공이다.

69점 통장으로 '가성비'를 뽑아 내려면 시세 대비 분양가가 60% 정도로 저렴한 아파트를 선택해야 한다. 2020년에 분양했던 서울 아파트를 떠올리면 이해하기 쉽다. 시세는 12억 원인데 분양가는 7억 대였던 수색증산뉴타운의 경우를 예로 들 수 있다. 시세는 13억 원인데 분양가는 7억 대였던 위례의 경우도 마찬가지다.

자신의 가점이 69점이 안 된다면 어떤 단지를 공략하는 것이 좋을까? 시세 대비 분양가로 가늠해 본다.

시세 대비 분양가 70% - 63~69점
시세 대비 분양가 80% - 54~62점

시세 대비 분양가 90% – 43~53점

시세 대비 분양가 100% – 40점 초반 이하, 유동성이 없는 지역은 미분양 가능

이처럼 분양가가 시세와 가까울수록 경쟁이 심하지 않다. 경쟁이 심하지 않은 지역에서는 본인이 가질 수 있는 최대 점수까지 기다릴 필요는 없다. 현재 동원할 수 있는 현금 여력과 자산, 분양가, 대출 여력을 종합적으로 판단해 상황에 맞춰 분양하는 아파트를 선택하는 것이 현명하다. 'Class4 분양가에 따른 청약 맞춤 전략'에서 사례를 들어 자세하게 설명했으니 참고한다.

다자녀 특별공급 75점으로
최고 인기타입 당첨

지역: 서울

단지: DMC 아트포레자이

분양: 2020년 8월

다자녀 특별공급 가점: 75점(만점 100점)

특이사항: 다자녀 특별공급에서 꽤 높은 점수임에도 당첨을 확신하지 못함

모집공고가 나오기 전부터 오랫동안 수색증산뉴타운 청약을 기다려 왔던 지경아빠님의 다자녀 특별공급 당첨 후기이다.

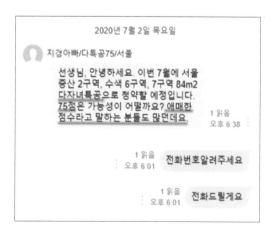

"75점은 애매한 점수라고 말하는 분들도 많던데요."

100점 만점인 다자녀 특별공급 배점에서 75점은 꽤 높은 편이다. 청약 정보는 인터넷상에서 끊임없이 재생산되는 만큼 '카더라' 내용도 많다. 자신이 원하는 아파트가 위치한 지역, 비교할 만한 과거 분양 아파트 등의 청약 정보가 없다면 특정 내용에 일희일비 할 수밖에 없다. 연락처를 물어 전화하는 경우는 극히 드물지만 상황이 급박하거나 당첨 가능성이 매우 높은 경우엔 직접 전화를 걸어 안내하기도 한다. 지경아빠님의 경우 청약 후 낙첨될 가능성이 적어 지레 겁먹지 말고 원하는 청약 단지가 나왔을 때 청약하라는 내용을 전했다.

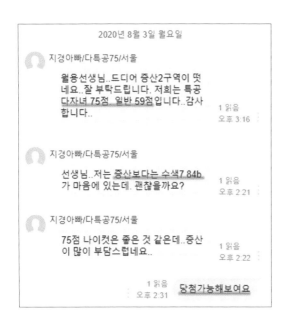

상담자는 궁금한 내용이 산더미지만 나의 대답은 간단하고 명료하다. 그래도 지면을 통해 다자녀 특별공급을 준비하는 예비청약자에게 몇 가지 팁을 오픈한다. 서울 아파트는 새로운 택지에 공급하는 물량보다 재정비(재건축·재개발)를 통한 공급량이 훨씬 많다. 재정비 공급의 특징은 주로 국민주택규모인 전용면적 $85m^2$ 이하가 많다. 다자녀 특별공급은 분양가 9억 이하인 경우 면적과 상관없이 전용 $85m^2$ 초과(중대형)도 공급하는데, 문제는 서울 내 중대형 아파트 분양가는 9억을 넘는다는 점이다. 가족구성원이 많은 다자녀 특별공급 세대의 경우 중대형 선호 현상은 뚜렷한데 공급이 없으니 그나마 선택 가능한 면적에서는 $84m^2$ 가 가장 넓은 면적이다. 다시 말하면 다자녀 특별공급에서는 소형 면적 일수록 경쟁률이 낮고 당첨확률은 높아진다는 뜻이다.

다자녀 특별공급 접수결과는 다음과 같다. 당해(서울) 배정비율이 50% 이므로 59타입은 총 배정수 15세대 중에 8세대가 서울 청약자에게 배정되고 경쟁률로 환산하면 6.25:1이 된다.(해당지역 청약자수 50명÷해당지역 배정 8세대) 이렇게 해서 서울 다자녀 특별공급의 실제 경쟁률은 다음과 같이 계산된다.

· 서울 다자녀 특별공급 결과 ·

주택형	공급세대수	지역	접수건수		
			다자녀 가구	신혼부부	노부모 부양
059.9000	65	배정세대수	15	31	4
		해당지역	50	1964	169
		기타지역	80	761	36
073.800A	8	배정세대수	2	4	0
		해당지역	1	69	0
		기타지역	6	27	0
073.800B	4	배정세대수	1	2	0
		해당지역	4	47	0
		기타지역	3	23	0
073.9900C	9	배정세대수	2	5	0
		해당지역	18	308	0
		기타지역	10	102	0
084.9900A	13	배정세대수	3	6	1
		해당지역	8	133	19
		기타지역	12	37	6
084.9900B	25	배정세대수	6	12	1
		해당지역	47	520	43
		기타지역	51	186	7

59타입 – 6.25:1   73A타입 – 1:1

74B타입 – 4:1   74C타입 – 18:1

84A타입 – 4:1   84C타입 – 15.67:1

평점요소	총배점	배점 기준	
	100	기준	점수
미성년 자녀수(1)	40	미성년 자녀 5명 이상	40
		미성년 자녀 4명	35
		미성년 자녀 3명	30
영유아 자녀수(2)	15	자녀 중 영유아 3명 이상	15
		자녀 중 영유아 2명	10
		자녀 중 영유아 1명	5
세대구성	5	3세대 이상	5
		한부모가족	5
무주택기간(4)	20	10년 이상	20
		5년 이상 ~ 10년 미만	15
		1년 이상~ 5년 미만	10
해당 시·도 거주기간(5)	15	10년 이상	15
		5년 이상 ~ 10년 미만	10
		1년 이상~ 5년 미만	5
입주자 저축 가입기간(6)	5	10년 이상	5

130

접수결과를 확인한 후 불안해하는 지경아빠님의 메시지이다. 상대평가가 아닌 절대평가 성격이 두드러진 청약 시장에서는 75점의 다자녀 특별공급 가점은 결과와 관계없이 높은 편이다. 만에 하나 당첨이 안 된다고 해도 분양가상한제 이후 서울 청약도 충분히 당첨이 가능한 점수다. 실제로 다자녀 특별공급 상담을 진행하다 보면 위 점수표에서 표시한 배점기준(노란색 박스)인 65점보다 밑도는 경우가 많다.

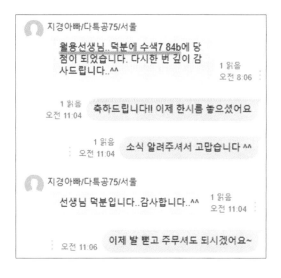

지경아빠님이 당첨자 발표일에 기분 좋은 소식을 전해왔다. 카더라 통신에 멘탈이 흔들리는 것보다 데이터와 경험을 기반으로 하는 전문가의 조언이 비교할 수 없는 객관적인 판단력을 보여 준다.

청약
맞춤
수업

Class4

분양가에 따른
맞춤 청약 전략

현재 정책상 대출이 힘들다는 점에서 청약 시 현금이 많이 필요하다. 그래서 이번 장은 현금
6억 이상을 보유하고 있는 사람들이 유리하므로 눈여겨보도록 한다. 현금 6억이라는 언급
에 좌절하고 그냥 넘기기보다는 앞으로의 가능성을 염두하고 주의를 기울일 필요가 있다.

9억 원 초과 분양가

: 중도금대출 가능 여부에 따라 경쟁률이 달라진다

2018년 5월부터 분양가 9억 원을 초과하는 아파트는 중도금대출을 받지 못한다. 예를 들어 분양가 10억 원 아파트에 필요한 현금은 통상 계약금 10%에 해당하는 1억 원과 중도금 60%에 해당하는 6억 원이다. 아파트 한 채를 분양받는데 분양가의 70% 현금이 필요하다면 해당 아파트를 소유할 수 있는 사람은 당연히 소수일 것이다. 간혹 분양가가 9억 원을 초과하더라도 시공사가 보증해 중도금대출이 가능한 단지가 있긴 하지만 아주 가끔이다.

투기과열지구 LTV 40% 기준,
· 분양가 대비 중도금대출 가능금액과 자가조달금액 ·

단위: 만 원

분양가	계약금 10% (A)	중도금 60% (B)	중도금대출 가능금액 (C)	중도금대출 불가금액 (D)	입주 전까지 자가조달금액 (A+D)	입주 시 대출가능 최대금액
40000	4000	24000	16000	8000	12000	16000

50000	5000	30000	20000	10000	15000 ①	20000
60000	6000	36000	24000	12000	18000	24000
70000	7000	42000	28000	14000	21000	28000
80000	8000	48000	32000	16000	24000	32000
90000	9000	54000	36000	18000	27000	36000
100000	10000	60000	0	60000	70000	38000
110000	11000	66000	0	66000	77000	40000
120000	12000	72000	0	72000	84000 ②	42000 ③
130000	13000	78000	0	78000	91000	44000
140000	14000	84000	0	84000	98000	46000
150000	15000	90000	0	90000	105000	48000

① 분양가 9억 원 이하 아파트는 중도금대출이 가능하기 때문에 입주 전까지 자가조달금액이 적다. 입주(잔금) 시 대출가능 최대금액은 중도금대출과 같은 LTV 40%를 적용한다. 중도금대출 받은 금액이 잔금대출로 전환된다는 개념으로 이해하면 쉽다.

② 분양가 9억 원 초과 아파트는 중도금대출이 불가하다. 그래서 계약금과 중도금 모두 자가조달금액이 된다.

③ 분양가 9억 원 초과 아파트는 중도금대출이 불가하지만 15억 원까지는 입주 시 잔금대출이 가능하다. 하지만 금액별로 대출비율이 다르다. 9억 원까지는 40%를, 9억 원부터 15억 원까지는 20% 대출이 가능하다. 예를 들어 분양가가 15억 원일 경우 9억 원까지 40%에 해당하는 3억 6천만 원, 9억 원부터 15억 원 구간인 6억의 20%에 해당하는 1억 2천만 원이 가능해 합치면 최대 4억 8천만 원 대출이 된다.

2021년 1월까지 전용면적 84㎡ 기준으로 9억 원을 초과해서 분양한 지역은 서울, 과천, 분당뿐이고 서울 내에서도 강남, 서초, 송파, 강동, 동작, 광진, 동대문 등 7개 구 정도이다. 서울 25개 구 중에서 신축 가격 10억 이하 단지는 이제 찾아볼 수 없지만 지금까지 'HUG 고분양가 심사기준'과 분양가상한제에 막혀 분양가는 시세를 반영하지 못했다.

· 분양단지와 비교단지의 시세 차이 비교 ·

분양 시기	분양단지	분양가	시세 차이	분양 당시 시세	비교단지
17.9	래미안 강남 포레스트(59㎡)	11.3억	1.5억	12.8억	개포 래미안 블레스티지
17.9	신반포 센트럴 자이	11.5억	7.5억	19억	반포 래미안 퍼스티지
18.3	개포 디에이치 자이	14.3억	5.7억	20억	개포 래미안 블레스티지
18.4	방배 서리풀 서해그랑블	12.5억	2.9억	15.4억	방배 서리풀 이편한세상
18.11	서초 래미안 리더스원	17.3억	2.7억	20억	서초 래미안 에스티지S
18.12	반포 디에이치 라클라스	17.5억	5.5억	23억	반포 래미안 아이파크
19.4	일원 디에이치 포레센트	16.4억	2.6억	19억	래미안 루체하임
19.5	방배 그랑자이	17.3억	-1.3억	16억	방배 서리풀 이편한세상
19.7	서초 그랑자이(1층)	14.5억	3억	17.5억	서초 래미안 에스티지S(1층)
19.9	청담 래미안 라클래시	16.6억	5.4억	22억	삼성 센트럴 아이파크
19.10	역삼 센트럴 아이파크	16.6억	5.4억	22억	역삼 자이
19.11	르엘 신반포 센트럴	17억	11억	28억	반포 래미안 퍼스티지
19.11	르엘 대치(59㎡)	11.6억	11.4억	23억	래미안 대치 팰리스(59㎡)
20.1	개포 프레지던스 자이(59㎡, 1층)	11.6억	8.2억	19.8억	개포 래미안 블레스티지(6층)
20.4	르엘 신반포	16.7억	11.8억	28.5억	반포 래미안 퍼스티지
20.6	르엘 신반포 파크에비뉴	17.2억	8.8억	26억	신반포 리오센트
20.7	디에이치 퍼스티어 아이파크(59㎡)	13.2억	6.8억	20억	개포 래미안 블레스티지
20.7	대치 푸르지오 써밋(59㎡)	11.5억	13.5억	25억	래미안 대치 팰리스(59㎡)

서울이 본격적인 청약과열 양상을 보인 2018년 초부터 분양가 추이
를 거슬러 살펴보면 개포8단지를 재건축한 단지인 개포 디에이치 자

이가 전용면적 $84m^2$ 기준 분양가 14억 3천만 원이었다. 이후 2019년, 2020년에는 17억 원대 분양가가 주를 이뤘다. 분양가가 시세보다 5억에서 최대 11억까지 나는 경우가 있었다.

분양가가 시세보다 저렴할수록 청약자는 몰리지만 중도금대출이 불가한 9억 원 이상의 단지에서는 투입해야 할 현금이 늘어나기에 청약을 결정하는 데 주춤하게 된다. 예를 들어 2020년 8월에 전용 $84m^2$ 기준 7억 원대 분양했던 수색증산뉴타운의 당시 신축 아파트(DMC센트럴 자이) 시세는 10억 원대였다. 같은 해 전용 $84m^2$ 기준 17억 원대에 분양한 반포 재건축의 신축 아파트(르엘 신반포) 시세는 26억 원대였다. 수색증산 뉴타운과 반포 새선축아파트를 분양받은 후 입주 전까지 필요한 현금은 각각 얼마인지 계산해 보자.

• 수색증산뉴타운 VS 반포재건축 입주 전 필요한 금액 •

구분	분양가 (A)	시세	시세차익 (B)	분양마진 (B/A*100%)	계약금 10%, 중도금 60%조건 시 투입현금 (C)	투입현금 대비 분양마진 (B/C)
수색증산뉴타운	7억	10억	3억	43%	2.1억	143%
반포 재건축	17억	26억	9억	53%	11.9억	76%

분양가 9억 원 이하인 수색증산뉴타운은 LTV 40%를 적용했고, 반포 재건축은 분양가 9억 원 초과로 중도금대출 불가로 가정했다.(분양 실사례의 경우라 현실을 반영함)

분양가는 시세보다 각각 3억, 9억이 낮아 그에 따라 분양마진율(분양가 대비 시세차익)은 분양가와 시세차익이 더 높은 반포 재건축이 60%로 더 높다. 그러나 투입되는 현금액(실제 투자 금액)을 고려해 분양마진율을 다시 계산하니 결과는 뒤집혔다. 물론 학군, 직장과의 거리, 기존 생활 반경 등을 고려해 청약 마진율이 낮더라도 반포 재건축을 선택하는 청약자도 있겠지만 수익률을 청약의 우선순위로 두는 사람이 압도적으로 많다. 중도금대출을 받지 않아도 되는 현금 부자 청약자들은 계산기를 두드려 보고 반포 재건축보다 수색증산뉴타운을 택하는 경우도 빈번하다. 고가주택 장기보유특별공제 혜택의 축소는 고려하지 않았다. 두 아파트의 청약결과를 확인해 보자.

· DMC센트럴자이 VS 르엘 신반포 청약결과 비교 ·

2020년 8월	주택형	공급세대	접수건수	경쟁률	가점최저	가점최고	평균
DMC 센트럴자이 (증산2)	55A	5	937	187.40	69	74	70
	55B	21	3481	165.76	69	74	70.71
	59B	4	1233	308.25	71	74	72.75
	59C	10	2335	233.50	74	80	74.6
	59D	6	1059	176.50	70	74	72.17
	74	14	1665	118.93	71	74	72.71
	84A	29	2874	99.10	69	76	71.38
	84B	67	5293	79.00	69	74	69.27
	84C	90	11253	125.03	69	78	70.37
	84D	24	4334	180.58	74	79	75.54
	84E	10	1561	156.10	72	77	74.1

2020년 4월	주택형	공급세대	접수건수	경쟁률	가점최저	가점최고	평균
	54	13	1242	95.54	62	68	64.08
	59	13	1906	146.62	69	74	69.38
르엘 신반포	84A	13	806	62.00	67	69	68
	84B	11	1137	103.36	68	74	68.95
	100	6	3267	544.50	69	69	69

수색증산뉴타운에서 분양가상한제 전 마지막 3개 동시 분양단지 중 가장 인기 많았던 증산2구역 DMC센트럴 자이와 신반포14차를 재건축한 르엘 신반포 청약결과이다. 각각 청약자수는 3만 6,025명과 8,358명을 기록했다. 자금 부담으로 인해 청약자수가 4배 이상의 차이가 난 것이다.

가격과 입지 차이가 큰 은평구와 강남구를 비교하는 게 적절한 예가 아니라고 생각하는 청약자를 위해서 같은 지역 내 연속으로 분양했던 두 단지를 확인해 본다.

· 같은 지역 내 분양했던 단지 비교 ·

2019년 8월	주택형	공급세대	접수건수	경쟁률	가점최저	가점최고	평균
	41	1	1098	1098.00	79	79	79
	51	34	3043	89.50	59	69	61.76
이수 푸르지오 더 프레티움	59A	13	2805	215.77	67	72	68.92
	59B	3	349	116.33	56	57	56.33
	59C	8	835	104.38	59	72	62
	59D	3	379	126.33	58	74	63.67

	주택형	공급세대	접수건수	경쟁률	가점최저	가점최고	평균
	59E	10	1060	106.00	**62**	66	62.9
	84A	1	548	548.00	**74**	74	74
이수	84B	9	4514	501.56	**69**	71	69.22
푸르지오	84C	1	410	410.00	**63**	63	63
더 프레티움	84D	2	795	397.50	**69**	69	69
	84E	1	1123	1123.00	**74**	74	74
	84F	3	1175	391.67	**67**	69	68
2019년 10월	**주택형**	**공급세대**	**접수건수**	**경쟁률**	**가점최저**	**가점최고**	**평균**
	59B	13	2992	230.15	**64**	72	66.08
	75A	3	553	184.33	**69**	69	69
이수	75B	3	438	146.00	**64**	64	64
스위첸	84A	60	1830	30.50	**53**	69	56.97
포레힐즈	84B	28	476	17.00	**49**	71	55.64
	84D	58	1086	18.72	**52**	69	55.59

2019년 8월과 10월에 분양했던 동작구에 위치한 이수 푸르지오 더 프레티움과 이수 스위첸 포레힐즈다. 민간택지 분양가상한제 이슈로 인해 2019년 하반기부터 서울 내 청약 관심이 급증하고 그로 인해 청약자수도 폭발적으로 증가하던 상황이었다. 입지가 비슷한 두 단지 간 가장 큰 차이점이 있다면 중도금대출 가능 여부이다. 이수 푸르지오 더 프레티움은 분양가 9억 원 이하로 중도금대출이 가능했고, 이수 스위첸 포레힐즈는 9억 원 초과로 중도금대출 불가였다.

구분	84㎡ 분양가	중도금대출	84㎡ 청약건수
이수 푸르지오 더 프레티움	8억 9900만	가능	8565
이수 스위첸 포레힐즈	9억 4850만	불가	3392

전용면적 84㎡끼리 청약자수를 비교해 보자. 분양가 9억 원을 기준으로 중도금대출이 가능한 단지의 청약건수는 8,565건, 불가능한 단지의 청약건수는 3,392건으로 무려 60%나 감소한 수치를 나타냈다. 같은 지역, 같은 청약 상황에서도 분양가에 따른 중도금대출 가능 여부로 결과가 달라진다. 중도금대출이 가능한지 불가능한지에 따라서 필요한 현금이 2억 원대인지 6억 원대인지 달라지기 때문에 이 차이가 청약결과에 큰 영향을 미친다.

또 다른 지역의 예를 보자. 청량리균형발전촉진지구 내 위치한 청량리역 한양수자인192와 청량리역 롯데캐슬SKY L-65의 청약결과다.

· 같은 아파트 내 타입/층별 청약결과 ·

2019년 4월	주택형	공급세대	접수건수	경쟁률	가점최저	가점최고	평균
청량리역 한양수자인 192	84A	270	538	1.99	24	69	37.48
	84B	31	434	14.00	52	67	57.29
	84C	69	138	2.00	26	67	38.8
	84D	334	879	2.63	30	69	40.14
	84E	31	601	19.39	52	76	57.84
	84F	121	556	4.60	43	69	51.49

	주택형	공급세대	접수건수	경쟁률	가점최저	가점최고	평균
청량리역 한양수자인 192	84G	7	191	27.29	61	69	63.57
	84H	20	68	3.40	36	60	46.3
	84I	7	150	21.43	63	69	67.14
	84J	20	82	4.10	40	61	46.3
	84K	72	120	1.67	18	59	34.34
	84L	17	235	13.82	51	69	56.82
	84M	35	62	1.77	20	58	35.37
	84N	8	94	11.75	47	57	52.13
	124	2	238	119.00	64	64	64
	162	2	5	2.50	35	35	35

2019년 7월	주택형	공급세대	접수건수	경쟁률	가점최저	가점최고	평균
	84A	260	1349	5.19	41	74	50.5
	84F	40	1720	43.00	58	69	61.43
	84B	333	2858	8.58	51	78	57.01
	84G	30	1359	45.30	61	74	64.3
	84C	256	3229	12.61	57	79	63.27
	84H	13	964	74.15	69	79	71.46
청량리역 롯데캐슬 SKY-L65	84D	94	826	8.79	46	69	53.83
	84I	16	669	41.81	56	68	60.5
	84E	47	306	6.51	43	77	49.02
	84J	6	313	52.17	59	79	64.5
	102A	90	3520	39.11	59	79	65.71
	172TA	5	39	7.80	54	59	55.67
	176TB	2	10	5.00	57	57	57
	169TC	1	8	8.00	42	42	42
	177TD	2	59	29.50	72	72	72

같은 아파트 내에서도 타입과 층에 따라 분양가 9억 원 전후가 달라짐으로 인해 청약결과는 드라마틱하다. 노란색으로 표시한 타입이 분양가 9억 원 초과에 해당한다. 9억 이하 타입의 청약 경쟁률은 9억 초과보다 10배 이상, 가점 커트라인은 20~30점 이상 높았다.

구분	9억 이하			9억 초과		
	공급세대	청약자수	경쟁률	공급세대	청약자수	경쟁률
청량리역 한양수자인	121	1,787	14.77	921	2,361	2.56
청량리역 롯데캐슬	105	5,025	47.86	990	8,568	8.65

숫자를 좀 더 쪼개어 보자. 두 개 단지 모두 9억을 초과하는 세대의 청약자수가 9억 이하보다 많지만 공급세대까지 고려하면 상대적으로 훨씬 적다. 이는 청약자수 대비 공급세대를 나누면 경쟁률로 확인이 되는데, 청량리역 한양수자인의 경우 9억 이하 경쟁률은 14.77 : 1, 9억 초과 경쟁률은 2.56 : 1을 기록했다. 청량리역 롯데캐슬의 경우 9억 이하 경쟁률은 47.86 : 1, 9억 초과 경쟁률은 8.65 : 1을 기록했다. 경쟁률 배수로 보면 9억 초과 대비 9억 이하가 각각 5.8배, 5.5배 높은 경쟁률을 보인다. 상대적인 경쟁률은 비교 자체가 의미 없을 정도로 차이가 벌어진다.

・청량리 인근 지역 아파트를 청약할 경우・

2020년 7월	주택형	공급세대	접수건수	경쟁률	가점최저	가점최고	평균
래미안 엘리니티 (용두6)	84A	67	1436	21.43	55	69	59.19
	84B	87	1911	21.97	54	72	57.59
	84C	55	861	15.65	53	61	56.09
	84D	34	476	14.00	51	69	54.5
	89	5	2584	516.80	57	59	58

당장의 차이는 해당 단지 아파트 당첨의 등락만으로 보이지만, 만일 청약가점 50점인 청약자가 청량리역 롯데캐슬 84F(분양가 9억 이하)를 선택해 낙첨되고 이후 인근 지역에서 분양하는 아파트를 기다리고 있는 상황을 가정하면 어떨까? 청량리 인근에 분양 예정단지의 일정은 미지수였고 청량리역 롯데캐슬 낙첨 후 1년 만에 용두6구역 래미안 엘리니티를 분양했어도 당첨은 더욱 어려워졌다. 분양가는 전용면적 84㎡ 모두 9억 초과에 분양했는데도 그동안 주변 아파트 시세가 많이 올라 청약자가 예상보다 많아졌다. 최저가점 커트라인도 51점을 기록한 84D타입뿐이었고, 다른 타입을 선택했어도 예비당첨에 그치고 말았을 것이다.

다음은 2019년 1월부터 2020년 8월까지 서울 주요 아파트 전체 청약자 중에서 분양가 9억 원을 기준으로 청약자수를 집계한 표이다.

기간	청약자수(당해 우선 단지 기준)		
	전체	9억 이하	9억 초과
2019년 1월~12월	257,979	187,922	70,057
2020년 1월~12월	332,315	208,466	123,849

2019년 한 해 동안 전체 청약자 중에서 9억 초과 청약자는 27.2%, 2020년 1월부터 12월까지 전체 청약자 중에서 9억 초과 청약자는 37.3%를 기록했다. 2020년에는 분양가상한제를 피하기 위한 강남 재

건축 단지들의 밀어내기 분양으로 서울 전체 분양 공급물량 중 9억 초과 아파트가 상당수를 차지했기 때문에 전년도보다 더 늘어난 수치를 보였다.

2개 년도를 종합하면 9억 초과 아파트 청약자수는 32.8%에 불과하다. 통계를 들어 설명하는 이유가 있다. 청약자수가 줄어들면 그에 비례해 청약경쟁률이 낮아지고, 경쟁률이 낮아지면 가점 커트라인도 낮아지기 때문이다. 추첨제 물량이 거의 전무한 서울 지역 청약에서 100% 가점제로 공급하면 가점 커트라인의 예상은 매우 중요하다.

이 책을 읽은 예비청약자들은 대출도 막힌 상황에서 '현금 부자들만 청약하라는 말인가'라고 생각하고 책을 덮어버릴 수도 있다. 하지만 자신이 청약이 가능한 것인지 그 방향성을 잡아야 한다. '향후 2~3년간 서울을 청약하는 건 나한테 불가능하구나'라는 현실을 인지했다면 청약이 아닌 기축을 사는 방향으로 전환하거나 점수가 높아질 때를 기다리면서 거주비용을 최소화하는 방법을 찾아야 한다. 또는 서울이 아닌 수도권에서 청약 가능성을 엿보는 등 방향을 선회하라는 의도이다.

시세 대비 분양가에 따라 달라지는 경쟁률

고양시의 경우 시세보다 신규 분양 아파트의 분양가가 상회한 경우가 많았다. 2016년의 향동지구와 2018년의 지축지구가 대표적이다. 당해 청약자 가점 커트라인이 10점대를 기록할 정도로 고분양가로 인해 무참한 청약결과를 보였다. 최근엔 덕은지구가 그 바통을 이어받았다. 2019년 8월 대방노블랜드를 시작으로 2020년 12월 마지막 삼정그린코아 더베스트의 분양 결과를 살펴보자.

· 시세 대비 분양가에 따라 달라지는 경쟁률 ·

2019년 8월	주택형	공급세대	접수건수	경쟁률	가점최저	가점최고	평균
덕은지구 A5 대방노블랜드	84A	115	1187	10.32	57	76	61.59
	84B	151	736	4.87	48	71	54.39
	116A	41	138	3.37	46	70	55.23
	116B	39	105	2.69	41	72	54.17
		346	2166				

2019년 11월	주택형	공급세대	접수건수	경쟁률	가점최저	가점최고	평균
	74A	24	208	8.67	53	74	62
덕은지구 A2	84A	162	1449	8.94	49	69	56
중흥S클래스	84B	58	337	5.81	44	67	51
	84C	46	313	6.80	44	69	50
		290	2307				

2019년 12월	주택형	공급세대	접수건수	경쟁률	가점최저	가점최고	평균
덕은지구 주복2	106A	91	585	6.43	48	64	55
에일린의 뜰	106B	89	654	7.35	50	69	56
		180	1239				

2020년 5월	주택형	공급세대	접수건수	경쟁률	가점최저	가점최고	평균
	84A	158	870	5.51	41	69	49.85
덕은지구 A4	84B	74	232	3.14	33	61	42.13
DMC	84C	87	187	2.15	24	64	36.98
리버파크자이	99	116	245	2.11	33	69	41
		435	1534				

2020년 5월	주택형	공급세대	접수건수	경쟁률	가점최저	가점최고	평균
	84A	40	786	19.65	60	74	65.9
덕은지구 A6	84B	88	1324	15.05	59	69	62.15
DMC	84C	94	1093	11.63	53	67	56.9
리버시티자이	84D	24	364	15.17	60	78	66.39
	99	104	1892	18.19	59	69	62.66
		350	5459				

2020년 5월	주택형	공급세대	접수건수	경쟁률	가점최저	가점최고	평균
	84A	70	464	6.63	29	50	35.51
	84B	30	122	4.07	23	41	29.91
덕은지구 A7	84C	11	77	7.00	23	40	31
DMC	84D	33	132	4.00	17	38	27.44
리버포레자이	84E	33	100	3.03	16	49	26.84
	84F	9	35	3.89	–	–	–
		186	930				

2020년 12월	주택형	공급세대	접수건수	경쟁률	가점최저	가점최고	평균
덕은지구 A3 호반써밋 DMC힐즈	84A	181	7503	41.45	59	79	63.35
	84B	45	1642	36.49	56	69	60.03
		226	9145				

2020년 12월	주택형	공급세대	접수건수	경쟁률	가점최저	가점최고	평균
덕은지구 주복1 삼정그린코아 더베스트	84A	38	2145	56.45	64	73	66.66
	84B	13	876	67.38	64	69	66.8
	91A	96	7982	83.15	69	74	70
	91B	41	1449	35.34	57	69	60.69
	126P	2	17	8.50	52	52	52
	128P	2	22	11.00	64	64	64
	135P	1	11	11.00	46	46	46
		193	12502				

덕은지구 분양 초기엔 40점대 가점도 당첨될 정도로 서울과는 비교할 수 없이 여유로운 분위기를 보였다. 심지어 2020년 5월에는 10~20점대 당첨 가점이 출현한다. 그동안 고양시에서 보이지 않았던 전용 $84m^2$ 기준 9억 원 턱밑에 다다른 분양가를 목격했기 때문이다. 분양가 9억 원 이하는 중도금대출이 가능한 범위라고는 하지만 통상 분양가보다 2억 이상 오른 곳은 접근하기가 쉽지 않다.

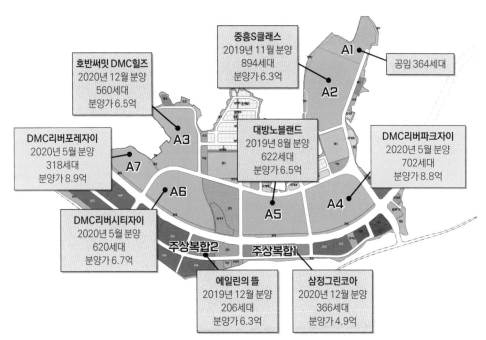

분양시기	분양단지	청약자수	분양가
2019.08	A5 대방노블랜드	2166	6.5
2019.11	A2 중흥S클래스	2307	6.3
2020.05	A4 DMC리버파크자이	1534	8.8
2020.05	A6 DMC리버시티자이	5459	6.7
2020.05	A7 DMC리버포레자이	930	8.9
2020.12	A3 호반써밋 DMC힐즈	9145	6.5
2020.12	주상복합1 삼정그린코아 더베스트	12502	4.9

2020년 하반기에는 전국이 불장(부동산 시장이 불처럼 타오르는 장)인 분위기에 일 년 전 분양가를 선보이며 분양했다. 하지만 2019년 8월부터 2020년 5월까지 추이를 살펴보면, 분양가에 따른 청약자수와 그에 맞물려 기록된 낮은 가점 컷까지 확인할 수 있다.

분양시기		분양단지	청약자수(명)	전용 84㎡ 분양가(억 원)	삼송아이파크2차 전용 84㎡ 평균시세
①	19.08	A5 대방노블랜드	2166	6.5	6.5
	19.11	A2 중흥S클래스	2307	6.3	6.7
②	20.05	A4 DMC리버파크자이	1534	8.8	7.8
	20.05	A6 DMC리버시티자이	5459	6.7	7.8
	20.05	A7 DMC리버포레자이	930	8.9	7.8
③	20.12	A3 호반써밋 DMC힐즈	9145	6.5	9.2
	20.12	주상복합1 삼정그린코아 더베스트	12502	4.9	9.2

대방노블랜드는 2019년 8월에 덕은지구에서 첫 분양한 아파트이다. 일산을 제외한 고양시 내에서 시세 지표로 활용되는 삼송아이파크2차 (2015년 입주) 아파트의 경우 전용 84㎡ 실거래가는 10억 원까지 거래됐다. (2021년 1월 기준)

분양시기 ① – 최저당첨 커트라인 41∼57점
덕은지구 분양가가 인근 신축 가격(삼송아이파크2차)과 비슷할 때 청약자수는 2천 명대를 기록했다.

분양시기 ② – 최저당첨 커트라인 16∼41점
덕은지구 분양가가 인근 신축 가격(삼송아이파크2차)보다 15% 비쌀 때 청약자수는 1천 명 전후에 그쳤다.(DMC리버파크자이, DMC리버포레자이)

반면 같은 시기에 시세보다 15% 저렴하게 분양한 DMC리버시티자이의 청약자수는 5,459명에 달하고, 당첨 최저컷은 53~60점으로 치솟았다.

분양시기 ③ – 최저당첨 커트라인 46~69점

덕은지구 분양가가 인근 신축 가격(삼송아이파크2차)보다 30% 이상 저렴할 때 청약자수는 1만 명 전후를 기록하면서 당첨 평균가점은 60점을 훌쩍 뛰어넘었다.

이렇듯 분양가가 높을수록 청약자는 감소하고 분양가가 낮을수록 청약자가 증가하는 당연한 이치에서 우리의 선택은 이렇게 갈라진다.

분양가 > 시세 : 미분양이 된다. 청약 통장을 사용하면서까지 무리할 필요는 없다.

분양가 < 시세 : 청약과열이며 청약에 참여한 고가점자(가점제), 운이 따르는 자(추첨제) 외에 대다수가 당첨이 힘들어진다.

분양가 = 시세 : 애매하다는 표현이 잘 어울린다. 가점이 애매한 청약자의 도전 정신이 가까운 훗날 웃게 만든다.

2020년 고양시 덕은지구의 사례를 기억하면서 타 지역 내 이후 분양 상황을 투영해 보는 것도 좋다. 결론은 이렇다. 지역 내 첫 분양은 무조건 공략해야 한다. 청약자들은 예상보다 분양가가 높게 나오면 시각적인 충격 때문에 분양 단지의 미래 가치를 판단하기 힘들어하는 경우가 많은데 이때 허점을 노리는 것이다.

· 비교단지 시세와의 상관관계 ·

분양 시기	분양단지	청약자수 (명)	전용 84㎡ 분양가 (억 원)	전용 84㎡ 당첨 최저커트라인	비교단지	비교단지 전용 84㎡ 평균시세
19.09	포레나 천안 두정	624	3.2	미달~31	이편한세상 두정3차	2.8
20.08	천안 푸르지오 레이크사이드	69851	4.3	59~69	레이크타운2차 푸르지오	5.8
20.11	이안 그랑센텀 천안	10886	4.2	58~61	봉서산 아이파크	3.9

2019~2020년에 분양했던 천안 지역 주요 아파트 청약결과와 비교 단지 시세와의 상관관계를 살펴보자.

2019년 9월 포레나 천안 두정은 이웃 단지인 이편한세상 두정3차 전용 $84m^2$ 당시 평균시세 2.8억보다 15% 높은 3.2억에 분양했다. 청약 자수는 624명에 불과했고 결과는 1순위 청약자 미달, 청약을 신청했다 면 무조건 당첨이었다. 분양 후 일 년이 지난 시점엔 프리미엄이 1억 원 이상 형성됐다.

일 년의 시간이 흐르면서 수년간 가격이 눌려 있다가 규제지역 풍선 효과로 인해 아파트 값이 크게 상승하는 와중에 천안 푸르지오 레이크

사이드를 분양했다. 일 년 전 분양한 포레나 천안 두정보다 약 1억이 오른 분양가이지만 시세보다는 25% 낮은 가격이라 청약자수는 100배 이상 급증했다. 당첨 최저 커트라인을 69점 기록한 타입도 생겨났다.

이런 분위기를 타 주변 시세보다 10% 정도 비싸게 분양한 이안 그랑센텀 천안은 1만 명 이상의 청약자가 모이는 청약결과를 가져왔다.

포레나 천안 두정 청약자는 개척자 정신으로, 천안 푸르지오 레이크 사이드 청약자는 확실한 마진확보를 계산으로, 이안 그랑센텀 천안 청약자는 편승하는 마음으로 청약에 임했을 것이다.

현재 나의 청약 스펙이 화려하다면 분양받길 원하는 아파트를 언제든 취사선택할 수 있지만 그렇지 않다면 포레나 천안 두정과 같은 상황에 놓인 아파트에 도전해야 한다. 이러한 사례는 전국 곳곳에 널려 있다. 패턴을 익히고 내가 사는 지역에 적용하면 도전 결과의 단맛을 느낄 수 있을 것이다.

신혼부부 특별공급 2자녀로
최저 경쟁타입 당첨

지역: 서울

단지: DMC SK VIEW 아이파크포레

분양: 2020년 8월

공급유형: 신혼부부 특별공급 2자녀 (일반소득)

가점: 없음(혼인 7년 이내, 소득조건 부합 시 자녀수로 당첨자 선발)

특이사항: 실거주는 포기하고 청약 당첨에 초점, 초소형 타입인 39㎡ 선택

2020년 한 해 동안 필자의 네이버카페에서 스텝으로 함께했던 띠로리리님의 당첨 후기이다. 수색증산뉴타운의 3개 아파트(DMC센트럴자이, DMC파인시티자이, DMC아트포레자이)의 당첨자 발표일은 8월 26일, DMC SK VIEW 아이파크포레의 당첨자 발표일은 하루 늦은 8월 27일이었다. 당첨자 발표일이 다르면 중복 청약이 가능하다.

3개 단지의 총 청약자수는 61,466명을 기록할 정도로 큰 인기를 끌었고, 이어서 청약을 앞둔 DMC SK VIEW 아이파크포레도 과열 양상을 보일 것은 불 보듯 뻔했다. 그 와중에 띠로리리님은 신혼부부 특별공급 2자녀로 당첨 전략을 세워야 했다.

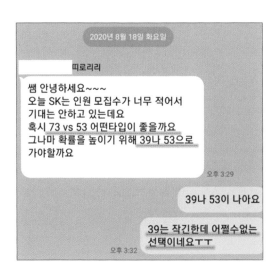

"76 vs 53 어떤 타입이 좋을까요, 39나 53으로 가야 할까요?"

신혼부부 특별공급에서 2자녀이면 가족구성원은 4인이다. 76타입(30
평, 방3 화2)이나 53타입(23평, 방2 화1) 모두 4인 식구가 살기엔 좁은 편
이다. 하지만 당첨을 위해서라면 39타입(18평, 방1 화1)을 선택해야 하는
용기가 필요하다.

"39는 작긴 한데 어쩔 수 없는 선택이네요."

이렇게 말한 이유가 있다. 아래 신혼부부 특별공급 신청결과와 경쟁률
표를 보자.

□ DMC 신혼부부 특별공급 신청결과와 경쟁률 □

DMC 센트럴 자이 (증산2구역)	타입	55A	55B	59B	59C	59D	74	84A	84B	84C	84D	84E
	신특배정	1	6	1	3	2	4	9	23	31	8	2
	청약자수	85	785	180	621	217	325	238	1152	2796	601	85
	경쟁률	85.00	130.83	180.00	207.00	108.50	81.25	26.44	50.09	90.19	75.13	42.50

DMC 파인시티 자이 (수색6구역)	타입	59A	59B	59C	59D	74A	74B	74C	84A	84B	84C	84D	84E
	신특배정	18	7	9	4	18	2	13	3	5	1	3	2
	청약자수	663	278	411	75	638	40	624	33	63	29	62	35
	경쟁률	36.83	39.71	45.67	18.75	35.44	20.00	48.00	11.00	12.60	29.00	20.67	17.50

DMC 아트포레 자이 (수색7구역)	타입	59	73A	73B	73C	84A	84B
	신특배정	31	4	2	5	6	12
	청약자수	1964	69	47	308	133	520
	경쟁률	63.35	17.25	23.50	61.60	22.17	43.33

DMC SK VIEW 아이파크 포레 (수색13구역)	타입	39	49	53	59A	59B	76	84A	84B
	신특배정	12	10	3	1	1	2	4	1
	청약자수	121	761	342	745	724	1043	3297	513
	경쟁률	10.08	76.10	114.00	745.00	724.00	521.50	824.25	513.00

당첨자 발표일이 같아 청약자수가 분산된 3개 단지에서는 신혼부부 특별공급 당해(서울) 청약자만 13,077명을 기록했다. 청약자수 분산 효과를 노릴 수 없는 DMC SK VIEW 아이파크포레의 신혼부부 특별공급 청약자는 7,546명을 기록했다. 평균경쟁률로 따지면 앞 단지들보다 높은 수치이다. 그런데 4개 단지 모든 타입에서 신혼부부 특별공급 경쟁률을 들여다보면 띠로리리님이 선택했던 39타입 경쟁률(10.08:1)이 가장 낮다. 다른 청약자들 역시 실거주를 배제하지 못하니 초소형 타입은 쉽게 선택하지 못했던 것이다.

경쟁이 과열될 때는 자가진단 후 명확한 방향을 정해야 한다. 신혼부부 특별공급 기본 조건은 혼인 7년 이내다. 즉, 언젠가는 자격이 상실되는 시기가 온다는 뜻이다. 실거주를 포기하고 투자로 방향을 전환하면 오히려 결정이 쉬워진다.

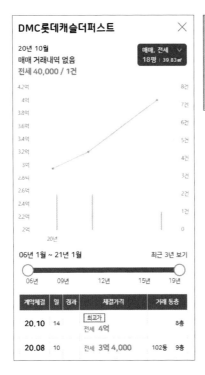

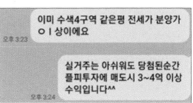

2020년 6월에 입주한 이웃단지 DMC롯데캐슬더퍼스트(수색4구역)의 경우, 같은 평형(18평)의 전세가가 이미 4억이다. 띠로리리님이 당첨된 타입의 분양가는 3억 6천이므로 입주 때 전세입자를 들이면 이미 플러

스 프리미엄(매가보다 전세가가 높을 경우)이다. 수익률로 따지면 무한대인 것이다.

띠로리리님은 4년이라는 인고의 시간을 거쳐 마침내 마침표를 찍은 후 벅찬 마음을 안고 카페에 후기를 남겨 주셨다. 여기서 신혼부부 특별공급 조건에 해당하는 예비청약자들에게 꿀팁을 공개한다.

혼인 7년 이내에 신혼부부가 특별공급을 신청할 수 있는데 이들 중 30%는 무자녀이다. 이들을 제외한 나머지 70% 중에 한 자녀는 약

40%, 2자녀는 50%, 3자녀 이상이 10%이다.

띠로리리님이 선택한 39타입의 경우 121명이 청약접수를 했고, 이 비율을 적용하면 121명 중 70%는 85명이다. 이중 2자녀는 절반인 42명으로 계산된다. 42명 중 12명을 뽑으니 실 경쟁률은 3.5 : 1 이하가 된다. 이런 식으로 경쟁률을 예상해서 어느 타입을 공략할지 결정하면 당첨 확률을 높일 수 있다.

Class5

규제타이밍에 따른
맞춤 청약 전략

- 정책만 쫓아다녀도
돈이 보인다

Apartment Application Strategy

청약을 통한 첫 번째 내 집 마련을 준비하는 무주택자들은 부동산 정책이 발표될 때마다 먼저 겁부터 난다. 생소한 부동산 용어를 접하는 것이 첫 번째 이유이고, 용어가 익숙해졌어도 아파트를 사고판 경험이 전무하기 때문에 정책에 따라 출렁이는 부동산 시장을 어떻게 대응해야 할지 두려운 것이 두 번째 이유이다.

두려울 때는 팩트 체크가 필수이다. 과거에 규제가 발표된 이후 투기과열지구나 조정대상지역으로 묶였던 지역의 아파트 가격 등락폭을 확인하는 것이다. 그리고 규제 전과 후의 청약과열 정도를 파악한다. 단순히 경쟁률만 참고하는 것은 착시를 일으킬 수 있으니 청약과열 정도는 청약자수로 가늠한다. 10세대를 뽑는데 100명이 지원한 것과 1,000세대를 뽑는데 1만 명이 지원한 것은 질적으로 다르다. 청약자수가 청약경쟁률과 청약가점을 직접적으로 반영한다.

그럼 도대체 과거 어느 시점까지 들춰 봐야 하는지 의문이 생길 것이다. 바로 2016년 11.3 대책 이후부터다. 지금의 청약 시장의 방향을 만든 것이 그 시점이다. 규제로 묶인 지역을 순차적으로 찾아내서 규제 전후의 분위기를 느껴 보자.

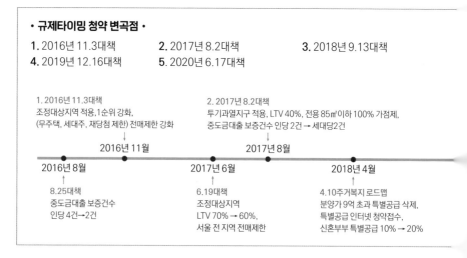

· 규제타이밍 청약 변곡점 ·

1. 2016년 11.3대책   **2.** 2017년 8.2대책   **3.** 2018년 9.13대책
4. 2019년 12.16대책   **5.** 2020년 6.17대책

1. 2016년 11.3대책
조정대상지역 적용, 1순위 강화,
(무주택, 세대주, 재당첨 제한) 전매제한 강화

2. 2017년 8.2대책
투기과열지구 적용, LTV 40%, 전용 85㎡이하 100% 가점제,
중도금대출 보증건수 인당 2건 → 세대당2건

2016년 11월   2017년 8월

2016년 8월   2017년 6월   2018년 4월

8.25대책
중도금대출 보증건수
인당 4건→2건

6.19대책
조정대상지역
LTV 70% → 60%,
서울 전 지역 전매제한

4.10주거복지 로드맵
분양가 9억 초과 특별공급 삭제,
특별공급 인터넷 청약접수,
신혼부부 특별공급 10% → 20%

· 투기과열지구 및 조정대상지역 구분 ·

구분	투기과열지구	조정대상지역
서울	전 지역 ('17.8.3)	전 지역 ('16.11.3)
경기	과천 ('17.8.3) 분당 ('17.9.6) 광명, 하남 ('18.8.28) 수원, 성남수정, 안양, 안산단원, 구리, 군포, 의왕, 용인수지기흥, 동탄2 ('20.6.19)	과천,성남,하남,고양(7개),남양주(별내,다산동),동탄2 ('16.11.3) 광명 ('17.6.19) 구리, 동안, 광교 ('18.8.28) 팔달,수지,기흥 ('18.12.31) 영통,권선,장안,만안,의왕 ('20.2.21) 고양, 남양주, 군포, 안성, 부천, 안산, 시흥, 용인처인, 오산, 평택, 광주, 양주, 의정부 ('20.6.19) 김포 ('20.11.20) 파주 ('20.12.18)
인천	연수, 남동, 서 ('20.6.19)	중, 동, 미추홀, 연수, 남동, 부평, 계양, 서 ('20.6.19)
대전	동, 중, 서, 유성 ('20.6.19)	동, 중, 서, 유성, 대덕 ('20.6.19)
부산*	–	해운대, 수영, 동래, 남, 연제 ('20.11.20) 서, 동, 영도, 부산진, 금정, 북, 강서, 사상, 사하 ('20.12.18)
대구*	수성 ('17.9.6)	수성 ('20.11.20) 중, 동, 서, 남, 북, 달서, 달성군 ('20.12.18)
광주		동, 서, 남, 북, 광산 ('20.12.18)
울산*		중,남 ('20.12.18)
경남	창원 의창 ('20.12.18)	창원 성산 ('20.12.18)
경북		포항남, 경산 ('20.12.18)
전남		여수, 순천, 광양 ('20.12.18)
전북		전주 완산, 덕진 ('20.12.18)
세종	세종 ('17.8.3)	세종 ('16.11.3)
충남		천안 동남, 서북, 논산, 공주 ('20.12.18)
충북	–	청주 ('20.6.19)

* 부산: 기장군, 중구 제외 전 지역 지정   * 대구: 달성군 일부 지역 제외 전 지역 지정   * 울산: 동구, 북구, 울주군 제외 전 지역 지정

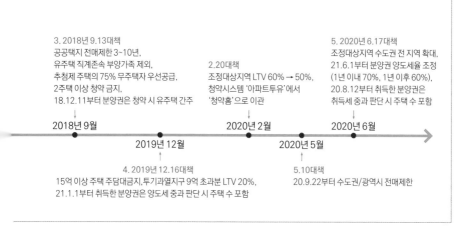

3. 2018년 9.13대책
공공택지 전매제한 3~10년,
유주택 직계존속 부양가족 제외,
추첨제 주택의 75% 무주택자 우선공급,
2주택 이상 청약 금지,
18.12.11부터 분양권은 청약 시 유주택 간주

2018년 9월

4. 2019년 12.16대책
15억 이상 주택 주담대금지, 투기과열지구 9억 초과분 LTV 20%,
21.1.1부터 취득한 분양권은 양도세 중과 판단 시 주택 수 포함

2019년 12월

2.20대책
조정대상지역 LTV 60% → 50%,
청약시스템 '아파트투유'에서
'청약홈'으로 이관

2020년 2월

5.10대책
20.9.22부터 수도권/광역시 전매제한

2020년 5월

5. 2020년 6.17대책
조정대상지역 수도권 전 지역 확대,
21.6.1부터 분양권 양도세율 조정
(1년 이내 70%, 1년 이후 60%),
20.8.12부터 취득한 분양권은
취득세 중과 판단 시 주택 수 포함

2020년 6월

규제타이밍 청약 변곡점
① 2016년 11.3대책

세대주 청약, 2주택 이상 청약 X, 재당첨 제한 5년, 전매제한 강화
조정대상지역 - 강남 4구, 서울 전지역, 과천, 성남(공), 하남(공), 고양(공), 남양주(공),
동탄2(공), 세종 (공 → 공공택지를 의미함)

16년 8.25대책 : 중도금대출 보증건수 인당 4건 → 2건

2016년에 발표된 11.3대책에서 청약과 관련된 내용만 추려 본다. 조정
대상지역이 새롭게 등장했고 서울 전 지역, 세종, 그리고 아파트 가격이
급등했던 경기도에서는 일부 도시가 대상이었다. 그중에서도 강남 4구
(서초, 강남, 송파, 강동), 과천, 2기 신도시가 위치해 있는 도시 중 공공택
지는 소유권이전등기까지 분양권 전매를 금지했다. 청약 당첨 후 6개월
내지 12개월 후에 분양권을 매매할 목적으로 청약을 했던 투자 수요가
싹 사라진 것이다.

　세대주, 세대원 모두 청약자격을 주었던 것에서 세대주만 청약하도
록 바꿨고, 2주택 이상 보유자는 청약을 제한했다. 그리고 최근 5년 내
당첨을 받았던 자와 그 세대에 속한 자도 당첨을 받지 못하도록 한 재당

첨 제한도 걸었다.

물론 같은 해에 먼저 '8.25 가계부채 관리 방안'을 통해 중도금대출 보증건수*를 인당 4건에서 2건으로 줄인 것으로 고삐를 당기긴 했지만 세대원 및 다주택자 청약 금지와 분양권 전매제한 강화가 청약 수요를 원천 차단한 수단으로 훨씬 강력했다.

서울 인구 1,000만 명, 400만 가구, 1순위 통장은 370만 개다. 서울 가구당 세대원수가 2.5명이니 세대주만 청약이 가능하면 그 수가 1/2.5 만큼 줄어들고, 그럼 청약 참여자 수는 148만 명으로 줄어든다. 여기에 서울 자가보유율은 42.7%(2019년 국토부 자료)이므로 무주택자 57.3% 통계를 결합하면 84만 8천 명이 진짜 청약 가능자 수로 추려진다. 이렇게 정책을 통해서 청약 수요를 급감시킬 수 있다.

지역 별 예시를 통해 규제 효과가 얼마나 강력한지 살펴보자.

다산신도시에서 11.3대책 전인 2016년 10월에 분양했던 금강 2차 리버테라스는 전매제한 12개월에 세대원도 청약이 가능했다. 반면 금

---

* 분양권 취득 후 중도금 납입 시 대부분의 경우 대출을 받는다. 만일 건설사 사정으로 아파트 건설과 분양이 취소될 경우 수분양자들이 받았던 대출금은 고스란히 갚아야 할 빚으로 남게 되는데 이를 대비해 보증을 해 주는 기관이 주택도시보증공사(HUG)와 한국주택금융공사(HF)이다. 이들 기관이 최대 보증을 개인당 4 건에서 2건으로 줄였으니 개인이 취득할 수 있는 분양권의 개수도 그만큼 줄어들게 된다.

강2차 바로 밑에 위치한 신안1차는 세대주만 청약이 가능했고, 소유권이전등기까지 전매불가 조건으로 변경됐다. 그러자 총 청약자수는 8,660명에서 3,219명으로 무려 63%나 급감했고, 그에 따라 최저가점 커트라인도 40~53점에서 34~44점으로 하락했다. 평균가점은 52.75점에서 45.86점으로 7점이 떨어졌다. 규제의 효과가 즉각 발휘된 결과이다.

· 다산신도시 11.3대책 전과 후 ·

구분	분양시기	분양단지	청약자수	최소가점컷
11.3대책 전 분양	16년 10월	다산 금강2차	8660	40
11.3대책 후 분양	16년 12월	다산 신안1차	3219	33

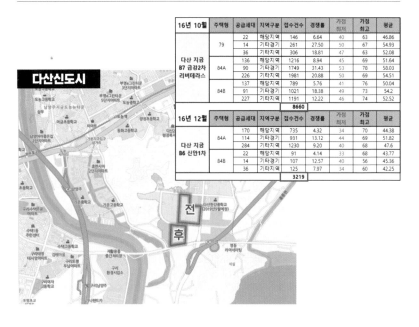

고양시 향동지구의 경우를 보자. 11.3대책 전에 분양했던 호반베르 디움의 청약자수는 13,299명, 11.3대책 이후 분양한 중흥S클래스는 63% 급감한 4,979명을 기록했다. 최저가점 커트라인은 52~57점에서 31~50점으로 하락했고, 당첨 평균가점은 59.55점에서 47.81점으로 무려 12점이나 떨어졌다.

· 고양시 향동지구 11.3대책 전과 후 ·

구분	분양시기	분양단지	청약자수	최소가점컷
11.3대책 전 분양	16년 7월	향동 호반B4	13299	52
11.3대책 후 분양	17년 7월	향동 중흥A2	4979	31

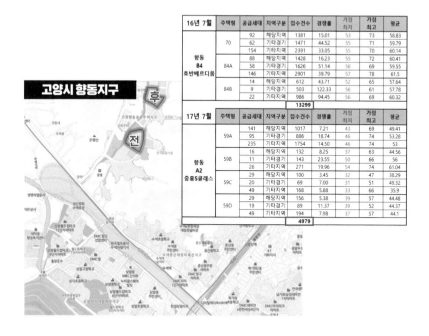

고양시 향동지구

16년 7월	주택형	공급세대	지역구분	접수건수	경쟁률	가점최저	가점최고	평균
향동 B4 호반베르디움	70	92	해당지역	1381	15.01	53	73	58.83
		62	기타경기	1471	44.52	55	71	59.79
		154	기타지역	2391	33.05	55	70	60.14
	84A	88	해당지역	1428	16.23	55	72	60.41
		58	기타경기	1626	51.14	56	69	59.55
		146	기타지역	2901	39.79	57	78	61.5
	84B	22	해당지역	612	43.71	52	65	57.64
		9	기타경기	503	122.33	56	61	57.78
		22	기타지역	986	94.45	56	69	60.32
				13299				

17년 7월	주택형	공급세대	지역구분	접수건수	경쟁률	가점최저	가점최고	평균
향동 A2 중흥S클래스	59A	141	해당지역	1017	7.21	43	69	49.41
		95	기타경기	886	18.74	46	74	53.28
		235	기타지역	1754	14.50	46	74	53
	59B	16	해당지역	132	8.25	37	63	44.56
		11	기타경기	143	23.55	50	66	56
		26	기타지역	271	19.96	54	74	61.04
	59C	29	해당지역	100	3.45	32	47	38.29
		20	기타경기	69	7.00	31	51	49.32
		49	기타지역	168	5.88	33	66	35.9
	59D	29	해당지역	156	5.38	39	57	44.48
		95	기타경기	89	11.37	39	52	44.37
		49	기타지역	194	7.98	37	57	44.1
				4979				

당시 청약 인기가 가장 높았던 동탄2신도시의 경우를 보자. 규제 전에 분양한 더샵2차 청약자수는 14,076명, 규제 후에 분양한 중흥S클래스 청약자수는 759명으로 거의 미달에 가까운 수치를 보였다. 이전 청약자에 비해 5% 수준만 청약에 참여했다. 최저가점 커트라인도 39~60점에서 15~44점으로 급감했고, 평균가점은 57.29에서 37.29로 20점 하락했다. 청약통장만 보유하면 당첨되는 수준까지 청약 분위기가 급반전 된 것이다.

· 동탄2신도시 11.3대책 전과 후 ·

구분	분양시기	분양단지	청약자수	최소가점컷
11.3대책 전 분양	16년 5월	동탄 더샵2차	14076	45
11.3대책 후 분양	17년 11월	동탄 중흥	759	15

규제타이밍 청약 변곡점
② 2017년 8.2대책

투기과열지구 지정-서울 전 지역, 과천, 세종
투기과열지구 LTV 40%, 가점제 100%
중도금대출보증건수 인당 2건 → 세대당 2건

17년 6.19대책
조정대상지역 추가 지정 - 광명, 기장구, 진구
조정대상지역 LTV 70% → 60%
서울 전 지역 소유권이전등기까지 전매제한

부동산 대책은 집값 안정화에 목표를 둔다. 안정화를 위해선 돈이 몰리는 것을 막아야 한다. 돈이 몰리면서 유동성이 높아지면 가격은 상승한다. 부동산 가격의 상승을 잡으려면 유동성을 막아야 하는데 대출과 세금이 핵심 열쇠이다. 8.2대책의 강력한 한 방은 바로 대출 축소였다. 대출을 막기 위해 주택담보대출 비율(LTV)을 60%에서 40%로 줄였다. 5억 원에 분양하는 아파트에 당첨되면, 계약금 10%를 납부한 후 중도금 대출 60%에 해당하는 3억을 받아야 하는데 2억만 대출해 준다는 것이다. 중도금대출이 축소된 만큼 나머지 20%는 자력으로 현금을 마련해야 했다.

8.2대책 직전에 6.19대책을 통해 LTV를 줄이려는 시도가 있었지만

70%에서 60%로 10%만 내리는 수준이었다. 어차피 중도금은 60%만 납입하면 되기에 청약 시장에 큰 타격은 없었다. 또한 강남 4구만 전매를 제한했던 것에서 서울 전 지역까지 확대했다. 이미 전매제한 18개월을 경험한 서울 청약자들은 면역이 된 상태였고, 이들의 청약 러쉬를 막기에는 솜방망이 규제였다. 그래서 정부는 투기과열지구의 룰을 새롭게 선보였고, 세트로 대출 규제와 가점제 100% 패를 꺼내 들었다.

서울 청약 시장에 변곡점을 준 것은 LTV 40%와 전용면적 85㎡ 이하 가점제 100%(이전 기준 가점제 40%, 추첨제 60%)였다. 청약가점제에서는 무주택기간이 길고 부양가족이 많을수록 점수를 높게 받는다. 이와 관계없이 추첨으로 새 아파트를 가질 수 있다는 희망을 갖던 2030세대나 싱글족, 딩크족이 피눈물을 흘린 게 된 것이 이때부터이다. 오랫동안 무주택을 유지했거나 책임져야 할 가족이 많은 청약자에게 당첨 기회를 더 부여한 것이 가점제 100%이다. 그래도 정책을 통해 연령 순, 가족 순으로 당첨 기회를 넓혀 주는 타겟팅(targeting)을 확실히 했고 거기에 가점제 비중까지 높였으니 그 결과가 어땠을지 살펴보자.

서울 은평구에서 이웃단지 간 비슷한 분양가로 8.2대책 전과 후에 분양한 백련산 SK VIEW 아이파크와 백련산 해모로이다. 최저가점 커트라인은 41~57점에서 30~48점(102P 제외)으로 분포됐다. 평균가점은 54.89점에서 45.61점으로 9점 가량 하락했다.(전용 85㎡ 초과면적은 가점제 50%, 추첨제 50%로 8.2대책 이전의 전용면적 $85m^2$ 이하 기준의 가점제 수준과 비슷하기 때문에 유의하지 않으므로 제외했다.)

가점제 물량 40%가 100%로 2.5배 늘어나면 반대로 경쟁률은 그만큼 감소한다. 입시생 수는 변함이 없는데 대학입학 정원이 늘어나면 경쟁률이 낮아지는 것과 같은 이치이다.

· 8.2 대책 전과 후의 분양단지 비교 ·

구분	분양시기	분양단지	청약자수	최소가점컷
8.2대책 전 분양	2017년 3월	백련산 SK VIEW 아이파크	2277	41
8.2대책 후 분양	2017년 11월	백련산 해모로	1767	30

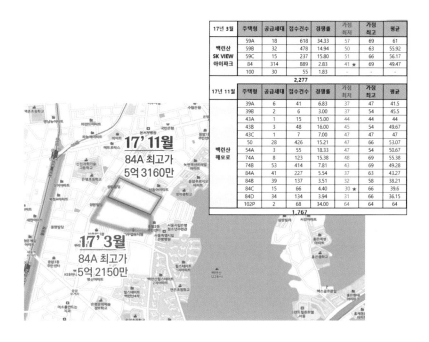

17년 3월	주택형	공급세대	접수건수	경쟁률	가점 최저	가점 최고	평균
백련산 SK VIEW 아이파크	59A	18	618	34.33	57	69	61
	59B	32	478	14.94	50	63	55.92
	59C	15	237	15.80	51	66	56.17
	84	314	889	2.83	41 ★	69	49.47
	100	30	55	1.83	-	-	-
				2,277			

17년 11월	주택형	공급세대	접수건수	경쟁률	가점 최저	가점 최고	평균
백련산 해모로	39A	6	41	6.83	37	47	41.5
	39B	2	6	3.00	37	54	45.5
	43A	1	15	15.00	44	44	44
	43B	3	48	16.00	45	54	49.67
	43C	1	7	7.00	47	47	47
	50	28	426	15.21	47	66	53.07
	54A	3	55	18.33	47	54	50.67
	74A	8	123	15.38	48	69	55.38
	74B	53	414	7.81	43	69	49.28
	84A	41	227	5.54	37	63	43.27
	84B	39	137	3.51	32	58	38.21
	84C	15	66	4.40	30 ★	66	39.6
	84D	34	134	3.94	31	66	36.15
	102P	2	68	34.00	64	64	64
				1,767			

17' 11월
84A 최고가
5억 3160만

17' 3월
84A 최고가
5억 2150만

다른 예를 보자. 8.2대책 전에 분양한 DMC에코자이와 이후 분양한 녹번역 e편한세상캐슬이다. 대책 전에 분양한 DMC에코자이는 청약자수 8,216명, 최저가점 커트라인은 48~56점까지 분포했다. 반면 대책 이후 분양한 녹번역 e편한세상캐슬은 청약자수 4,047명으로 50% 급감했고, 커트라인은 41~54점까지 분포해 평균가점은 각각 56.72점, 53.22점을 기록했다.

· 8.2 대책 전과 후의 분양단지 비교 ·

구분	분양시기	분양단지	청약자수	최소가점컷
8.2대책 전 분양	2017년 7월	DMC 에코자이	8216	48
8.2대책 후 분양	2017년 11월	녹번역 e편한세상캐슬	4047	41

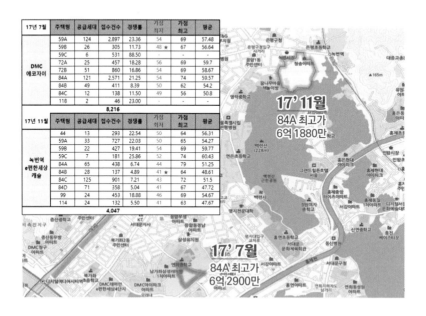

마지막으로 신길뉴타운에서 분양한 이웃단지 간 비교를 해 보자. 규제 전에 분양한 신길 센트럴자이는 청약자수 19,906명, 최저가점 커트라인은 56~71점까지 분포했다. 규제 후 분양한 신길 힐스테이트 클래시안은 청약자수 6,503명으로 급감했고, 최저가점 커트라인은 43~69점을 보였다. 평균가점은 64.7점에서 58.6점으로 7점이나 하락했다.

· 신길뉴타운 8.2 대책 전과 후 ·

구분	분양시기	분양단지	청약자수	최소가점컷
8.2대책 전 분양	2017년 7월	신길 센트럴자이	19906	57
8.2대책 후 분양	2017년 11월	신길 힐스테이트 클래시안	6503	43

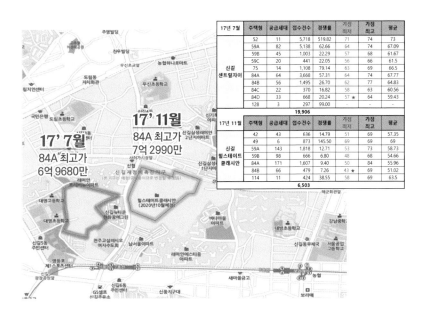

17년 7월	주택형	공급세대	접수건수	경쟁률	가점 최저	가점 최고	평균
신길 센트럴자이	52	11	5,718	519.82	71	74	73
	59A	82	5,138	62.66	64	74	67.09
	59B	45	1,003	22.29	57	68	61.67
	59C	20	441	22.05	56	66	61.5
	75	14	1,108	79.14	63	69	66.5
	84A	64	3,668	57.31	64	74	67.77
	84B	56	1,495	26.70	62	77	64.83
	84C	22	370	16.82	58	63	60.56
	84D	33	668	20.24	57 ★	64	59.43
	128	3	297	99.00	-	-	-
			19,906				

17년 11월	주택형	공급세대	접수건수	경쟁률	가점 최저	가점 최고	평균
신길 힐스테이트 클래시안	42	43	636	14.79	51	69	57.35
	49	6	873	145.50	69	69	69
	59A	143	1,818	12.71	53	73	58.73
	59B	98	666	6.80	48	68	54.66
	84A	171	1,607	9.40	50	84	51.96
	84B	66	479	7.26	43 ★	69	51.02
	114	11	424	38.55	58	69	63.5
			6,503				

17' 11월
84A 최고가
7억 2990만

17' 7월
84A 최고가
6억 9680만

최근 청약에 관심을 갖게 된 초보 청약자 입장에서는 이미 과거가 된 이야기이므로 나와는 상관없다고 생각할 수도 있다. 하지만 아직 책을 덮기엔 이르다. 청약 분위기는 사람의 심리라서 사건(규제)이 발생하면 청약하고자 하는 마음이 무섭게 돌아선다. 대부분의 청약자가 심리에 따라 움직인다면 적어도 이 책을 읽는 예비청약자들은 마음가짐을 달리 해야 한다. 즉, 규제 이후 청약자들의 심리가 가라앉았을 때를 노려야 한다. 팩트 체크한 이 순간을 각인하고 당첨 가능성의 기회가 포착됐을 때 청약통장을 주저 없이 꺼내 쓰기를 바란다.

규제타이밍 청약 변곡점
③ 2018년 9.13대책

공공택지 전매제한 3~10년
추첨제 주택의 75%를 무주택자에게 우선 공급, 2주택자 청약 금지
2018년 12월 11일부터 분양권 또는 입주권을 소유하면 청약 시 유주택자로 간주

9.13대책에서 가장 강력한 청약 규제는 공공택지의 전매제한으로, 전매기간은 3~10년이 적용됐다. 분양가가 시세와 비슷하면 3년 전매제한, 분양가가 시세보다 70% 이하면 10년 전매제한, 이런 식이다. 예를 들어 수도권 공공택지 중에서 분양 당시 시흥 장현지구와 같이 시세와 비슷한 수준에 분양한 단지는 3년, 위례신도시와 같이 시세보다 70% 이하에 분양한 단지는 10년을 적용했다. 서울 도심에서 멀리 떨어질수록 분양가는 낮아지는 대신 전매제한도 3년이 적용되니 청약자수가 급감하는 현상을 보인다.

시세 대비 분양가와 전매제한의 상관관계에 따라 청약결과가 어떻게 달라지는지 사례를 통해 살펴보자.

2017년 12월 분양 당시 전매제한 1년이 적용됐던 파주 지역에 운정 아이파크와 전매제한 3년이 적용된 운정 대방노블랜드, 운정 중흥S 클래스의 청약결과이다. 청약자 3,411명 수준에서 전매제한이 적용되니 1천 명대 또는 그보다 훨씬 밑도는 결과를 보였다. 청약자 1천 명대를 기록한 대방과 중흥은 GTX-A역 인근에 위치했음에도 불구하고 찬밥 신세였다. 운정 아이파크가 2020년 11월 전용면적 $84m^2$ 기준 8억 4,500만 원 실거래가를 기록한 것으로 보아 대방과 중흥이 입주 후에는 8억 대 이상 충분히 거래될 가능성이 있다.

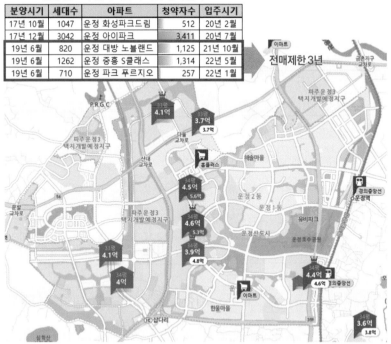

· 운정신도시 전매제한에 따른 청약결과 ·

분양시기	세대수	아파트	청약자수	입주시기
17년 10월	1047	운정 화성파크드림	512	20년 2월
17년 12월	3042	운정 아이파크	3,411	20년 7월
19년 6월	820	운정 대방 노블랜드	1,125	21년 10월
19년 6월	1262	운정 중흥 S클래스	1,314	22년 5월
19년 6월	710	운정 파크 푸르지오	257	22년 1월

기존 도심과 인접한 위치에 분양해 큰 인기를 끌었던 인천 루원시티에서 첫 분양한 SK리더스뷰는 청약자수 29,708명으로 한창 무르익던 송도의 청약과열 시기만큼 인천 청약자들을 끌어모았다. 그러나 전매제한 3년이 적용된 이후에 분양한 5개 단지 모두 청약 접수건수 1만 건 이하를 기록했다. 이렇게 되면 분양권 전매를 군이 계획하고 있지 않은 실거주자에게는 더할 나위 없이 좋은 내 집 마련의 기회가 열린다. 최저 가점 커트라인이 45점에서 32점까지 떨어졌으니 말이다.

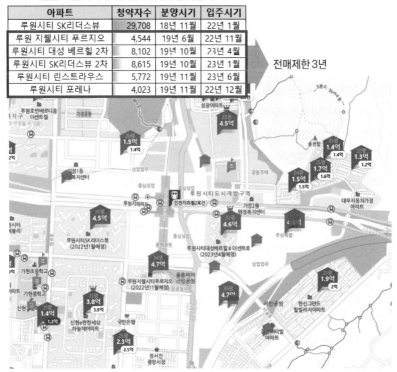

・ 인천 루원시티 전매제한에 따른 청약결과 ・

아파트	청약자수	분양시기	입주시기
루원시티 SK리더스뷰	29,708	18년 11월	22년 1월
루원 지웰시티 푸르지오	4,544	19년 6월	22년 11월
루원시티 대성 베르힐 2차	8,102	19년 10월	23년 4월
루원시티 SK리더스뷰 2차	8,615	19년 10월	23년 1월
루원시티 린스트라우스	5,772	19년 11월	23년 6월
루원시티 포레나	4,023	19년 11월	22년 12월

전매제한 3년

2018.11	주택형	공급세대	접수건수	경쟁률	가점최저	가점최고	평균
	75	92	3082	33.50	64	84	69.16
	84A	460	14130	30.72	62	78	65.73
	84B	91	1313	14.43	54	72	59.84
	84C	159	6592	41.46	64	78	67.41
루원시티 SK리더스뷰	84D	284	1189	4.19	45	64	50.74
	84E	196	1909	9.74	55	72	58.93
	100A	78	421	5.40	–	–	–
	100B	72	973	13.51	–	–	–
	84F	7	34	4.86	50	58	54
	84G	7	32	4.57	54	60	57
	102P	2	33	16.50	–	–	–
			29708				

2019.11	주택형	공급세대	접수건수	경쟁률	가점최저	가점최고	평균
	84A	425	2765	6.51	50	69	54367
우미린 스트라우스	84B	454	1374	3.03	40	64	46.29
	84C	225	1091	4.85	46	74	52.67
	84D	22	542	24.64	60	69	62.6
			5772				

2019.10	주택형	공급세대	접수건수	경쟁률	가점최저	가점최고	평균
	75A	17	405	23.82	57	69	62
	75B	17	226	13.29	57	68	60375
루원시티 SK리더스뷰 2차	84A	424	2519	5.94	46	69	52.88
	84B	74	1025	13.85	55	64	57.93
	84C	215	2948	13.71	55	74	59.88
	84D	411	1080	2.63	37	69	44.42
	84E	185	412	2.23	32	54	37.47
			8615				

다음에 볼 사례는 앞에서 살펴본 운정신도시와 루원시티와는 조금 다르다. 전매제한 기간이 길수록 청약자수 감소 효과는 시세와 분양가가 비슷할 때 확연하게 나타나지만 시세보다 분양가가 저렴하다면 전매제한이 아무리 길어도 몰려드는 청약자를 줄이기란 불가능하다.

다음 위례신도시 청약결과를 보자.

· 위례신도시 분양가와 전매제한에 따른 청약결과 ·

2019년 1월부터 분양을 시작한 북위례 지역이다. 이 지역 내 분양한 아파트는 9.13대책이 반영돼 모든 단지가 8~10년의 전매제한을 적용받는다. 호반 3차와 5차(같은 날 당첨자 발표로 인해 청약자 분산), 계룡 리슈빌 단지는 서울 내 위치해 서울에 거주하는 자만 청약이 가능했고, 나머지 단지는 하남에 위치해 서울을 포함한 경기, 인천 거주자 모두 청약이 가능했다. 서울 당해만 청약했던 단지는 3만 명대, 그 외 단지는 3~7만 명대의 청약자가 몰렸다. 엄청난 청약자수를 보인 이유는 주변 아파트 시세의 60%에 불과한 분양가로 공급했기 때문이다.

강산이 한 번은 바뀔 동안 아파트를 팔지 못하는데도 이렇게 많은 청약자가 참여한 이유를 곰곰이 생각해 볼 필요가 있다. 우리가 많이 겪는 경우다. 전셋집을 구하고 2년마다 전세보증금을 올려 주거나 이사해야 하는 세입자의 설움을 한 번이라도 겪었다면 내 집에 대한 욕구는 차오르기 마련이다. 그러던 중 관심지역 내 좋은 입지와 매우 합리적인 가격에 분양 아파트가 나오고 청약 당첨까지 된다면 굳이 팔지 않고 오랫동안 거주할 수 있는 충분한 조건이 된다. 주거 안정 욕구에 비하면 전매제한의 핸디캡은 청약을 결정하는 데 고려 대상이 안 될 만큼 강력하다는 뜻이다.

북위례 청약과 같은 청약자 쏠림 현상은 민간택지 분양가상한제가 적용되는 지역에서 더욱 뚜렷하게 나타날 것이다.

지금까지 청약 시장에 변곡점을 주는 3개의 굵직한 대책 이후의 청약 결과를 살펴보았다. 여기서 한 번 더 응용해 보자. 그럼 대책 효과의 지속 기간은 언제까지일까? 그 해답은 바로 앞에서 언급했던 북위례 청약 사례에서 힌트를 얻을 수 있다.

결론부터 말하면, 규제지역의 지속효과가 얼마나 짧을지 길지는 시세와 분양가의 차이가 결정짓는다. 최근 규제지역으로 지정된 순으로 규제효과의 잔상이 짙다. 여기서 규제효과는 청약자수의 절대 값을 말한다. 지역을 막론하고 완벽하게 맞아떨어진다.

구체적인 예를 통해 살펴보자. 순서는 다음과 같다.

2016년 11.3대책 이후 동탄2신도시 청약자수 회귀 시점

2017년 8.2대책 이후 서울 청약자수 폭발 시점

2018년 9.13대책 이후 청약자수 회귀 시점

2020년 6.17대책 이후 청약자수 급감 유지기간

2016년 11.3대책 이후
동탄2신도시 청약자수 회귀 시점

• 2016년 11.3대책 이후 서울시와 화성시의 월간KB매매지수 •

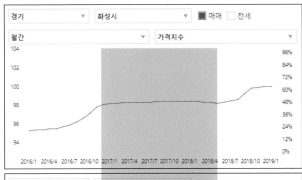

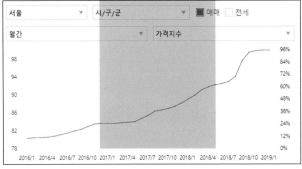

출처:아파트실거래가

2016년은 11.3대책 전까지 분양권 매매가 자유로운 시장이었다. 공공택지 전매제한 1년, 수도권 및 광역시 전매제한 6개월, 이 외의 지역은 전매제한이 없어서 유동성도 풍부하고 다운계약도 성행했다. 당시 인기가 치솟던 지역은 2기 신도시, 그중에서도 위례신도시, 광교신도시, 다산신도시, 동탄2신도시가 서로 톱니바퀴 맞물리듯 수도권 전역에서 청약자를 끌어모아 과열을 더욱 부추겼다. 전매제한 1년이라 분양권 전매가 많이 이뤄졌는데 중도금대출 보증이 개인 4건에서 2건으로 줄어들자, 전매제한이 풀린 후 매수자들은 분양권 명의변경을 받을 상황이 안되어 투매 현상이 일어났다. 1억을 호가하던 프리미엄이 2~3천만 원에도 매수사가 없어서 일시적으로 프리미엄은 급락하게 된다. 그나마 동탄2신도시를 제외한 나머지 신도시는 11.3대책 이후 예정 분양물량이 거의 없어서 냉랭한 청약 분위기가 길게 지속되지 않았지만, 동탄2신도시는 남은 분양 단지와 이전에 분양했던 아파트의 입주가 겹치면서 2016년 11월부터 2018년 3월까지 가격이 횡보하는 시기를 겪었다.

같은 기간에 서울의 상승 에너지를 고스란히 받았던 동탄2신도시는 입주물량이 어느 정도 해소되고, 경부라인의 가격이 상승 단계를 맞이한 시점부터 대책 직전과 비슷한 수준으로 청약자수를 회복하게 된다. 반대로 실수요 청약자 입장에서는 이렇게 긴 가격 횡보 기간에 보다 낮은 경쟁률과 가점으로 당첨될 수 있는 절호의 기회였다.

한편 11.3대책을 가볍게 무시하듯 수직 상승한 서울 아파트 가격을 잡기 위해 정부는 이듬해 2017년 8월 2일에 더욱 강력한 정책을 내놓는다.

2017년 8.2대책 이후
서울 청약자수 폭발 시점

• 2017~2018년 서울 분양아파트 전용 84㎡ 최저가점 커트라인 •

가점제 100%는 일시적으로
가점을 낮추는 효과

그 효과는 상승과 함께
이내 상쇄됨

부러진 사다리..
2030 청약 포기..

분양시기	단지	접수건수	84A	84B	84C	84D
17년 6월	DMC 롯데캐슬 더퍼스트	15,305	62	64	57	
6월	고덕 베네루체	8,256	54	43		
7월	뿔계 인덕 아이파크	2,049	39	25	25	
7월	상계역 센트럴 푸르지오	2,632	56	32		
7월	고덕 아이파크	12,734	57	52		
8월	DMC 에코자이	8,216	54	50	49	
8월	공덕 SK리더스뷰	6,739	60	49		
9월	한양수자인 사가정파크	3,887	46	37	39	9
9월	장안 태영데시앙	623	36	46	37	41
9월	신반포 센트럴 자이	16,472		69	72	
9월	서초 아이파크	4,260	54	47	48	52
9월	항동 한양수자인	1,010	27	-	-	
10월	휘경 해모로 프레스티지	583	24	27	33	
10월	영등포 뉴타운 꿈에그린	2,306	46			
10월	면목 라온 프라이빗	1,412	34	31	35	
10월	래미안 DMC 루센티아	5,802	54	41	54	37
11월	백련산 해모로	1,767	37	32	30	31
11월	녹번 이편한세상 캐슬	4,047	44	41	43	41
11월	고덕 아르테온	11,264	52	45	46	42
11월	사가정 아이파크	1,102	35	22		
11월	항동 제일풍경채	629	21	14		
11월	신길 힐스테이트 클래시안	6,503	50	43		
11월	강동 에코포레	965	44	47		
12월	항동 우남퍼스트빌	617	30	24	40	52
12월	송파 이편한세상 파크센트럴	4,817	52	50	46	60

분양시기	단지	접수건수	84A	84B	84C	84D
18년 3월	보라매 이편한세상 2차	4,750	41	42	41	
4월	방배 서리풀 서해그랑블	1,518	41	41	36	
4월	마포 프레스티지 자이	14,995	69	70	66	65
4월	당산 센트럴 아이파크	8,629	60	65	51	64
5월	문래 이편한세상	4,750	63			
5월	영등포 중흥 S클래스	2,439	45	48		
5월	용마산역 쌍용예가 더 클라우드	1,686	48			
6월	신길 파크자이	11,944	65	63	67	59
6월	동작 협성 휴포레	537	24	30	33	
6월	고덕 자이	15,395	65	59	63	
6월	래미안 목동 아델리체	10,189	55	51	55	56
6월	힐스테이트 신촌	9,604	59	55	63	56
7월	장위 꿈의숲 아이파크	7,260	51	49		
11월	서초 래미안 리더스원	9,671	60	54	60	
12월	힐스테이트 녹번역	11,455	60	59	63	58
12월	반포 디에이치 라클라스	5,028	58	55	54	52
12월	DMC SK뷰	13,743	63	63	55	56

규제는 상승 각도를 완만히 만들기 위해 나온다. 규제의 강도가 상승에너지보다 낮으면 내 재산을 지키거나 불리는 입장에서는 귀신 같이 알

아차린다. 규제를 무시하고 상승에 베팅한다는 뜻이다. 8.2대책과 이후 시장 참여자의 행보가 그러했다. 규제 이후 약 6개월간 일시적으로 낮아진 청약 문턱은 가격 상승과 함께 다시 높아지기 시작했고, 2010년대 들어서 유례없는 청약과열을 가져왔다. 옆에 2018년 청약결과 표에서 그 정도를 확인할 수 있다.

청약접수 1만 건 이상과 가점 커트라인 50점 이상을 기록한 단지가 거의 없던 2017년과 달리 2018년엔 반대 상황이 벌어졌다. 청약접수 건수 1만 건을 초과하는 단지가 속출했고, 전용면적 $84\,m^2$ 기준 최저가점 커트라인 평균이 42.41점에서 55.56점으로 무려 13점이나 치솟았다. 8.2대책에서 가점제 물량을 40%에서 100%로 늘려 실제 경쟁률을 희석시키면서 가점 하락 효과를 나타낸 것이 무색하게 됐다. 동시에 중도금대출을 40%만 실행하고, 나머지 20%를 현금으로 납입할 수 있는 새로운 청약자군(4050세대)이 신규 청약 세력에 한몫을 하게 됐다.

	계약금	중도금	잔금
기존	10%	60%	30%
변경 후	10%	40%(대출 실행)+ 20%(현금 자납)	30%

2018년 9.13대책 이후
청약자수 회귀 시점

• 2018년 9.13대책 전후 시흥 장현지구 청약결과 •

분양시기	세대수	아파트	청약자수	입주시기
17년 10월	891	C1 계룡 리슈빌	5,421	20년 7월
17년 11월	447	B7 동원 로얄듀크1차	1,907	20년 4월
17년 12월	928	C2 모아 미래도	3,254	20년 7월
17년 12월	712	B8 호반 베르디움	3,418	20년 7월
18년 4월	698	B4 제일 풍경채 센텀	6,518	21년 1월
18년 4월	489	B5 제일 풍경채 에듀	2,812	20년 8월
18년 4월	590	B3 금강 펜테리움	3,960	21년 1월
19년 5월	345	C3 동원 로얄듀크2차	370	21년 12월
19년 12월	676	C4 유승한내들 퍼스트파크	13,410	22년 12월
20년 3월	747	B9 영무예다움	21,766	23년 1월

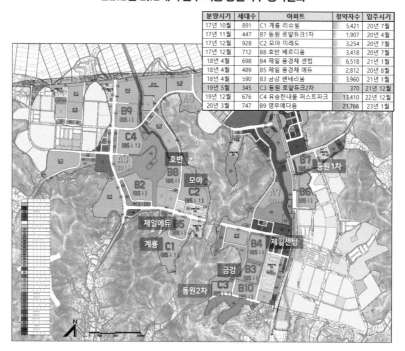

마지막으로 2018년 9.13대책 전후 드라마틱한 청약결과를 만든 시흥 장현지구를 보자. 시흥 장현지구는 수도권 공공택지 분양가상한제 지역으로 전용면적 84㎡ 기준 분양가가 약 4억 5천만 원으로 책정됐다. 2017년 10월 첫 분양한 계룡 리슈빌을 시작으로 2018년 4월까지 비슷한 수준의 청약자가 집결됐다. 그 기간 동안 시세 변동이 크지 않았다고 해석된다.

그러나 2018년 9.13대책의 후속 조치로 시흥 장현지구 분양권 전매 제한이 기존 1년에서 3년으로 늘면서 청약자수가 급감했다. 직격탄을 맞은 곳이 2019년 5월 분양한 동원 로얄듀크2차이다. 직전에 분양한 단지에 비해 청약자는 무려 90% 이상 감소한 370명에 불과했다. 분위기가 꺾이는 듯 보였으나 2019년 하반기에 시흥 장현지구 일대가 프리미엄이 1억 이상 뛰면서 불과 7개월 만에 청약자수는 이전 수준을 훨씬 뛰어넘는 1만 3천명대와 2만 1천 명대로 분위기가 완전히 역전됐다.

서울 청약자수 폭발 시점과 동탄2신도시와 시흥 장현지구의 청약자수 회귀 시점을 확인하면서 청약자 입장인 우리는 분명히 깨달아야 할 포인트가 있다. 규제 지속 효과는 가격 상승폭과 속도에 직결된다는 점이다.

'대책이 발표되면 심리는 죽는다'라는 간단한 명제의 1차 방정식 같은 풀이지만 이것이 내 눈앞에서 바로 결정해야 하는 상황이 닥치면 꼬이고 꼬인 문제가 된다. 대책 이후 심리가 죽을 때 오히려 청약에 적극 도전하며 틈새를 공략해야 한다.

2020년에 규제지역으로 새롭게 지정된 도시를 살펴보자.

2020년 6.17대책 이후 청약자수 급감 유지기간

– 이때가 타이밍이다

• 투기과열지구 및 조정대상지역 구분(2020.6.17 당시) •

구분	투기과열지구	조정대상지역
서울	전 지역 ('17.8.3)	전 지역 ('16.11.3)
경기	과천 ('17.8.3) 분당 ('17.9.6) 광명, 하남 ('18.8.28) 수원, 성남수정, 안양, 안산단원, 구리, 군포, 의왕, 용인수지기흥, 동탄2 ('20.6.19)	과천, 성남, 하남, 고양(7개), 남양주(별내, 다산동), 동탄2 ('16.11.3) 광명 ('17.6.19) 구리, 동안, 광교 ('18.8.28) 팔달, 수지, 기흥 ('18.12.31) 영통, 권선, 장안, 만안, 의왕 ('20.2.21) 고양, 남양주, 군포, 안성, 부천, 안산, 시흥, 용인처인, 오산, 평택, 광주, 양주, 의정부 ('20.6.19) 김포 ('20.11.20)
인천	연수, 남동, 서 ('20.6.19)	중, 동, 미추홀, 연수, 남동, 부평, 계양, 서 ('20.6.19)
대전	동, 중, 서, 유성 ('20.6.19)	동, 중, 서, 유성, 대덕 ('20.6.19)
부산	–	해운대, 수영, 동래, 남, 연제 ('20.11.20)
대구	수성 ('17.9.6)	수성 ('20.11.20)
세종	세종 ('17.8.3)	세종 ('16.11.3)
충북	–	청주 ('20.6.19)

2020년 2.20대책에서는 수원 영통구, 권선구, 장안구가 조정대상지역으로 지정되면서 수원시 전체가 조정대상지역이 됐고(팔달구는 2018년 12월 31일부터 조정대상지역), 의왕, 안양 만안구(동안구는 2018년 12월 31일부터 조정대상지역)도 조정대상지역이 됐다.

6.17대책에서는 조정대상지역을 확대 지정하고, 이전 조정대상지역 중 상승이 두드러진 일부를 투기과열지구로 격상시켰다. 6.17대책까지 포함해 규제 타이밍 청약을 노려봐야 할 곳은 어디일까?

· 규제지역별 대출 한도 ·

구 분		투기과열지구		조정대상지역		외 수도권		기타	
		LTV	DTI	LTV	DTI	LTV	DTI	LTV	DTI
서민 실수요자		50%	50%	60%	60%	70%	60%	70%	없음
무주택세대		40%	40%	50%	50%	70%	60%	70%	없음
1주택 보유세대	원칙	0%	–	0	–	60%	50%	60%	없음
	예외	40%	40%	50%	50%	60%	50%	60%	없음
2주택 이상 보유		0%	–	0%	–	60%	50%	60%	없음

1군) LTV 50% → 40% 된 지역 (조정대상지역 → 투기과열지구)
  : 수원, 성남 수정구, 안양, 구리, 군포, 의왕, 용인 수지구·기흥구, 동탄2신도시

2군) 전매제한 6개월 → 전매금지 된 지역 (비규제지역 → 조정대상지역 또는 투기과열지구)
  : 안산, 군포

3군) LTV 70% → 50% 된 지역 (비규제지역 → 조정대상지역)
  : 고양, 남양주, 안성, 부천, 안산 상록구, 시흥, 용인 처인구, 오산, 평택, 광주, 양주, 의정부

4군) LTV 70% → 40% 된 지역 (비규제지역 → 투기과열지구)

　　: 안산 단원구, 인천 연수구·남동구·서구

　비규제지역에서 조정대상지역으로, 조정대상지역에서 투기과열지구로 단계를 밟아 규제 격상을 겪은 지역(1군)보다 비규제지역에서 조정대상지역으로 또는 비규제지역에서 투기과열지구로 변경된 지역(2, 3, 4군)의 심리적인 위축이 더 크다.

　2, 3, 4군 지역에서 청약자수 급감이 발생함에 따라 보다 낮은 경쟁률과 가점으로 당첨될 틈새가 나타날 것이고, 이미 평택, 양주, 의정부는 그 틈새가 메워졌다.

가점 55점으로 턱걸이 당첨

지역: 경기도 의정부시

단지: 의정부 푸르지오 더센트럴

분양: 2020년 11월

공급유형: 일반공급

가점: 55점(만점 84점)

특이사항: 2020년 6월 의정부가 조정대상지역으로 지정된 후 청약자들의 심리가 흔들렸고, 회복이 안 된 상태에서 틈새 청약

정규 22기 수강생이었던 연지우님은 일반가점 50점으로 2019년 청량리역 롯데캐슬 SKY L-65 84B타입을 선택했고, 당첨 커트라인 51점에서 1점 차이로 예비순번을 받아 당첨된 이력이 있다. 이후 월용단 활동을 통해 여러 채의 아파트 투자를 이어 오면서 수십 억의 투자 수익을 올리고 있다. 어느 날 연지우님은 의정부에 거주 중인 친구의 청약을 도와달라고 필자에게 연락해왔다.

2019년 9월 의정부가 비조정대상지역일 때, 의정부 중앙2구역을 일반분양한 의정부역 센트럴 자이앤위브캐슬은 일 년 후 1억 5천 정도 시세

가 상승했다. 의정부가 조정대상지역이 된 후 중앙2구역과 인접한 중앙3구역 의정부 푸르지오 더센트럴이 분양했는데 청약자들의 심리가 흔들린 상태이기에 청약 전략이 필요했다.

비조정대상지역에서 조정대상지역으로 변경된 효과는 청약결과에서 뚜렷이 나타난다. 전용면적 $85m^2$ 이하 가점제 물량이 40%에서 75%로 늘어나고, 세대주, 청약통장 가입기간 2년이 지나야 1순위 자격을 얻게 된다. 분양을 기다리고 있던 일 년여의 시간 동안 주변 시세는 많이 상승했고, 분양가는 거의 변함이 없어서 청약마진을 확보할 수 있는 상황이었다. 그렇지만 조정대상지역 지정 효과로 인해 청약 심리가 위축돼 일시적으로 청약자수는 줄어들고, 가점제 물량이 늘어난 상태였기에 평균경쟁률과 가점 커트라인은 낮아질 것으로 예상했다. 55점의 일반 가점과 의정부 청약 시장을 고려할 때 아래와 같은 청약 방향을 제시했다.

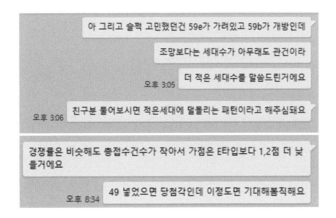

49타입을 선택하면 당첨이 예상됐지만 실거주를 해야 해서 59타입 이상을 원하는 상황이었다. 결과는 다음과 같다.

20년 11월	주택형	공급세대	접수건수	경쟁률	가점최저	가점최고	평균
	49	4	38	9.50	48	58	53
의정부 푸르지오 더센트럴	59B	25	339	13.56	53	69	57.68
	59E	36	486	13.50	56	69	59.11
	72	17	381	22.41	61	69	64.31
	84A	16	1241	77.56	66	74	69.17
	84B	8	276	34.50	57	62	60.5

"청약들은 보통 조망이 확보된 59B를 선호할 것이지만 당첨을 기대하려면 세대수 많은 게 유리하다고 판단하는 청약자가 더 많기에 경쟁률은 비슷해도 접수건수는 59B타입이 작아서 가점이 1~2점 더 낮을 것이다."

이 예상은 정확하게 적중했다. 55점으로 49타입을 넣었다면 안정적으로 당첨, 59E타입을 선택했다면 예비당첨 번호는 받았어도 순번은 복불복, 그리고 그보다 넓은 면적의 타입을 선택했다면 탈락이었다.

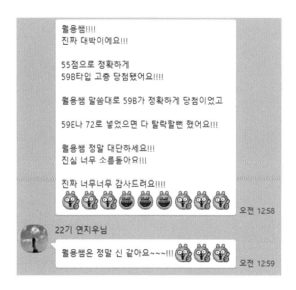

월용쌤!!!!
진짜 대박이에요!!!

55점으로 정확하게
59B타입 고층 당첨됐어요!!!!

월용쌤 말씀대로 59B가 정확하게 당첨이었고

59E나 72로 넣었으면 다 탈락할뻔 했어요!!!

월용쌤 정말 대단하세요!!!
진심 너무 소름돋아요!!!

진짜 너무너무 감사드려요!!!!

오전 12:58

22기 연지우님

월용쌤은 정말 신 같아요~~~!!!

오전 12:59

서울이 아닌 수도권을 비롯한 광역시, 전국 내 도시는 이렇게 틈새 청약 전략이 아직도 유효하다. 정부 주도의 대규모 택지공급이 아닌 당해지역 우선 청약은 40~50점대 가점, 신혼부부 특별공급 1자녀 등 청약 고스펙이 아니어도 충분히 당첨이 가능하니 내가 사는 지역 내 청약은 반드시 챙기자.

Class6

당첨이 힘들다면
분양권을 사자
(청약이 능사는 아니다)

지금까지 이 책을 읽으며 특별공급 대상자도 아니고 높은 가점 통장도 아니어서 청약으로 내 집 마련이 힘들다고 판단한 청약자들은 이번 장을 특히 주목하길 바란다. 새 집을 갖는 방법은 세 가지 청약, 분양권 매수, 입주권 매수가 있다.

먼저 분양권과 입주권의 차이를 확실히 알아보고 매입을 고려한다.

분양권 VS 입주권
: 확실히 알고 매입을 고려하자

· 분양권과 입주권 비교 ·

구분	분양권	입주권
기간	당첨자 발표일~잔금지급일	관리처분일~준공일
권리	주택 아님 (권리)	주택 인정 (물권)
장점	입주권에 비해 초기투자금 적음	좋은 동호수 배정 가능
단점	좋은 동호수 배정 어려움	분양권에 비해 초기투자금 많이 듦
유의점	주택은 아니지만 세금 판단 시 주택 수 포함 여부 확인	추가분담금 고려
청약 시 주택 수	2018.12.11 이후 계약 유주택으로 간주 2018.12.11 이전 계약 주택 수 포함 안 됨	2018.12.11 이후 관리처분 유주택으로 간주 2018.12.11이전 관리처분 주택 수 포함 안 됨
재당첨 제한	당첨자 발표일로부터 조정대상지역 8년, 투기과열지구 10년	관리처분일부터 규제지역 내 청약 시 5년

	재산세	없음	있음
취득세*	취득세율	등기 시 1.1~3.5%	취득 시 4.6% (멸실 전 1.1%)
	취득세 중과 판단	2020.8.12 이후 취득하는 분양권, 입주권은 취득세율 주택 수 판단 (중과 대상)	
양도세	양도세율 (2021.6.1양도부터)	1년 미만 보유 70%, 1년 이상 보유 60%	1년 미만 보유 70%, 2년 미만 60%, 2년 이상 기본 세율
	양도세 중과 판단	2020.12.31 이전 취득 주택 수 제외	중과, 주택 수 포함
대출	전세자금대출	주택 수 포함 안 됨, * 전세대출을 실행 중인 자가 투기과열지구 내 3억원 이상 주택 구입 시 즉시 대출이 회수되는 경우는 분양권과 입주권 구입 시에는 제외, 입수 시섬에는 선세대출 회수	
	담보대출	주택 수 포함	

*취득세: 분양권을 살 때는 취득세를 내지 않으며, 분양권 등기 시에 내는 취득세를 말함

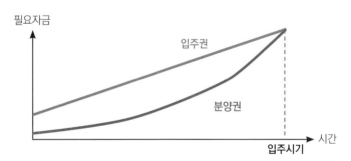

입주권 가격: 조합원분양가 + 프리미엄

분양권 가격: 일반분양가 + 프리미엄

조합원분양가는 일반분양가보다 통상 20% 이상 저렴하다.

일반분양가 5억 + P 5천 = 총 매가 5억 5천

조합원분양가 4억 + P 1억5천 = 총 매가 5억 5천

일반분양가 5억에 프리미엄이 5천 붙었다면 조합원분양가에 그만큼의 프리미엄이 붙어 총 매가가 같아진다. 이에 따른 투자금은 분양권 1억(계약금 5천+프리미엄 5천), 입주권은 1억 9천(계약금 4천+프리미엄 1억 5천)으로 계산된다. 일반분양 시기는 입주가 2년 이상 남은 상태이기 때문에 실수요자가 관심을 많이 갖는 때는 아니다. 이때에 입주권 거래가 활발히 되려면 입주권 프리미엄을 조정해 프리미엄이 붙은 분양권 매물과 경쟁을 시켜야 한다. 입주권에 붙은 프리미엄을 1억 5천에서 1억으로 하향 조정해 실투자금을 1억 4천으로 줄이면 분양권 매물과 경쟁이 될 만하다. 실수요자라면 실투자금이 조금 높더라도 총 매가보다 저렴한 입주권을 사는 것이 더 낫다.

항상 입주권의 투자금이 높고 총 매가 또한 저렴한 것은 아니다. 앞에 그래프 같이 입주시기가 도래하면 분양권과 입주권의 총 매가가 같아진다. 입주를 1~2개월 앞둔 상황이라면 등기를 하지 못하는 매도인들이 급매를 내놓기 때문에 되려 분양권의 총 매가가 입주권보다 저렴해지기도 한다. 실수요자는 매수 대상으로 입주권과 분양권으로 나누기보다는 입주 기간 동안 출현하는 급매를 잡는 노력도 필요하다.

분양권 매수 시
반드시 확인할 사항

무주택자가 내 집 마련을 목적으로 분양권을 매입할 때는 제약사항이 거의 없다. 제약사항이라고 하면 주로 세금과 관련돼 있다. 세금으로는 살 때 내는 취득세, 보유할 때 내는 종합부동산세, 팔 때 내는 양도소득세 등이 있다. 현 정부가 추구하는 부동산 정책 방향이 1가구 1주택자에게 초점이 맞춰져 있기 때문에 무주택 상태에서 1주택을 매수할 때에는 세금 부담이 없고, 2주택자 이상부터는 고려해야 할 사항이 많다. 기존 1주택을 보유하고 있는 상태에서 갈아타기나 투자 목적으로 분양권을 취득했다면 분양권 등기 시 취득세 폭탄을 맞거나, 기존 1주택의 비과세 조건이 사라지고 중과세까지 더해져 양도세 폭탄을 맞을 수도 있다. 세금, 청약, 거주의무 등은 보고 또 봐도 헷갈리므로 아래 정리한 내용들을 상세히 짚어 보고 숙지해야 한다.

• 세금

취득세: 2020.08.12 이후 취득하는 분양권은 취득세 계산 시 주택 수 포함

양도세: 2021.01.01 이후 취득하는 분양권은 양도세 계산 시 주택 수 포함

• 개인 주택 취득세율: 2020.8.12.부터 •

주택수	조정	비조정
1주택	주택 가액에 따라 1~3%	
2주택	8%	1~3%
3주택	12%	8%
4주택 이상	12%	

서울에 기존 1주택을 보유한 세대가 조정대상지역 내 분양권을 취득했다면 2주택으로 간주해 분양권 등기 시 8% 취득세를 납부해야 한다. 여러 개를 샀다면 최대 12%까지 부과된다. 종전 규정인 1~3%과는 매우 큰 차이이다. 물론 나중에 팔 때 취득세는 경비처리가 되지만 납부한 취득세보다 최소 두세 배는 더 오른 값에 팔아야 조금이라도 이익이 남는다. 한 가지 팁이 있다면 두 번째 취득한 분양권을 등기(취득세는 종전 규정세율 납부) 후 일 년 이내에 기존 주택을 팔면 취득세 중과를 피할 수 있다.

그럼 취득세 폭탄을 맞지 않기 위해 '분양권을 등기 전에 팔면 어떨까?'라고 생각할 수도 있다. 분양권 전매 시 양도세는 얼마나 내는지 아래 표를 살펴보자.

보유기간	주택·입주권	분양권
1년 미만	70%	70%
2년 미만	60%	60%
2년 이상	6~42%	

2021년 6월 1일부터 전매하는 분양권은 보유 기간 1년 미만 시 70%, 2년 미만 시 60% 양도세를 납부해야 한다. 전에는 비조정대상지역이었는데 조정대상지역으로 지정된 곳은 자유롭게 전매가 가능한데 대신 양도세가 크다. 위에 취득세율과 양도세율 표에서는 지방세가 포함되지 않았기에 실제 납부하는 세금은 더 늘어난다. 여기서도 팁이 있다면 2021년 5월 31일까지는 조정대상지역 단일세율인 50%를 납부하면 되기 때문에 기존에 분양권을 보유했거나 취득한 사람은 그 전까지 전매하면 취득세 부분에서 상대적으로 인하 효과가 있다.

• 청약

2018.12.11 이후 취득하는 분양권은 청약 시 주택을 소유한 것으로 간주

2018년 9.13 대책의 후속조치로 이미 시행되고 있는 내용이다. 현재 무주택자가 분양권을 매입하면 청약할 때 무주택기간은 0점으로 계산된다.

• 거주의무

공공분양

: 2020.5.27 모집공고분부터

: 5년(시세 80% 미만), 3년(시세 80~100%)

수도권 민간택지 분양가상한제 주택

: 2021.2.19 모집공고분부터

: 3년(시세 80% 미만), 2년(시세 80~100%)

서울, 과천, 광명, 하남에서 분양하는 수도권 민간택지 분양가상한제에 해당하는 주택은 2021년 2월 19일부터 거주의무기간이 적용된다. 이 때문에 청약 열기가 한 풀 꺾이는 것이 아닌가 생각하는 사람도 있다. 결론부터 얘기하면 그럴 일은 없다. 이미 2020년 7월부터 규제지역 내 중도금대출을 받으면 입주 가능일로부터 6개월 이내 전입 요건을 적용해 왔기 때문이다. 그리고 9억 원 이상 고가주택도 8년간 보유와 거주를 동시에 해야 장기보유특별공제도 적용되기 때문에 수많은 청약대기자들은 그 사실을 이미 인지하고 청약을 준비하고 있다.

구분		시세 대비 분양가	전매제한		거주의무
			투기과열	그 외	
수도권	공공택지 (공공·민간)	80% 미만	10년	8년	5년
		80~100%	8년	6년	3년
		100% 이상	5년	3년	–

수도권	민간택지 분양가상한제	80% 미만	10년	–	3년
		80~100%	8년		2년
		100% 이상	5년		–
수도권 외	공공택지	–	3년	–	–
	민간택지		3년		

* 2020.09.22 이후 모집공고분 수도권·광역시 3년간 전매제한

지난 11월에 분양했던 과천지식정보타운, 하남 감일지구, 위례신도시와 같은 투기과열지구 내 수도권 공공택지는 전매제한도 최대 10년까지 적용된다. 2016년 11.3대책부터 실거주자 위주의 청약 정책이 이어지고 그 강도도 점점 세지고 있는 상황이다. 규제는 강력해져도 시세가 오르는 상황에서 분양가 상승을 막고 있는 상태라면 청약포기자보다 신규유입자가 더 많아진다. 그 현상에 대한 반증은 최근 서울, 수도권을 비롯한 전국 분양지의 청약자수를 보면 쉽게 확인할 수 있다.

2021년 청약 광풍은 더욱 거세지고 당첨은 어려워질 것이라 예상한다. 이런 상황에서 청약을 준비하거나 분양권을 매입하는 사람들은 세금, 전매제한, 거주의무와 같은 중요한 내용을 미리 숙지해서 실수 없이 현명한 판단을 내리길 바란다.

▶ 살 수 없는 분양권

• 규제지역 지정 후 분양한 아파트 (규제지역: 조정대상지역, 투기과열지구)

• 2018년 12월 11일 이후 분양한 수도권 공공택지 내 아파트

• 2020년 9월 22일 이후 분양한 수도권, 광역시 내 아파트

▶ 살 수 있는 분양권

• 규제지역 지정 전 분양한 아파트 (규제지역: 조정대상지역, 투기과열지구)

• 2018년 12월 11일 이전 분양한 수도권 공공택지 내 아파트

• 2020년 9월 22일 이전 분양한 수도권, 광역시 내 아파트

현재 서울 내 분양권은 모두 소유권이전등기까지 전매금지이다. 서울 외 지역 중 투기과열지구나 조정대상지역이라도 살 수 있는 분양권이 있다. 분양권 매수의 목적이 오래 거주하면서 1주택 비과세 혜택을 받을 똘똘한 한 채인지, 전월세로 거주하면서 투자용으로 매수하는지 각자의 상황이 다를 것이다. 이에 분양권도 매수 포지션에 맞게 3가지로 구분해 두었다.

'분양권 검색 방법'도 소개했으며 부록에는 지역별로 매수 가능한 분양권 리스트도 집대성했다. 이후에 분양하는 아파트는 독자 스스로 분양권을 찾아볼 수 있도록 이 장을 여러 번 정독하길 바란다.

· 투기과열지구 및 조정대상지역 구분(2021년 1월 기준) ·

구분	투기과열지구	조정대상지역
서울	전 지역 ('17.8.3)	전 지역 ('16.11.3)
경기	과천 ('17.8.3) 분당 ('17.9.6) 광명, 하남 ('18.8.28) 수원, 성남수정, 안양, 안산단원, 구리, 군포, 의왕, 용인수지기흥, 동탄2 ('20.6.19)	과천,성남,하남,고양(7개),남양주(별내,다산동), 동탄2 ('16.11.3) 광명 ('17.6.19) 구리, 동안, 광교 ('18.8.28) 팔달,수지,기흥 ('18.12.31) 영통,권선,장안,만안,의왕 ('20.2.21) 고양, 남양주, 군포, 안성, 부천, 안산, 시흥, 용인처인, 오산, 평택, 광주, 양주, 의정부 ('20.6.19) 김포 ('20.11.20) 파주 ('20.12.18)
인천	연수, 남동, 서 ('20.6.19)	중, 동, 미추홀, 연수, 남동, 부평, 계양, 서 ('20.6.19)
대전	동, 중, 서, 유성 ('20.6.19)	동, 중, 서, 유성, 대덕 ('20.6.19)

부산*	–	해운대, 수영, 동래, 남, 연제 ('20.11.20) 서, 동, 영도, 부산진, 금정, 북, 강서, 사상, 사하 ('20.12.18)
대구*	수성 ('17.9.6)	수성 ('20.11.20) 중, 동, 서, 남, 북, 달서, 달성군 ('20.12.18)
광주		동, 서, 남, 북, 광산 ('20.12.18)
울산*		중, 남 ('20.12.18)
경남	창원 의창 ('20.12.18)	창원 성산 ('20.12.18)
경북		포항남, 경산 ('20.12.18)
전남		여수, 순천, 광양 ('20.12.18)
전북		전주 완산, 덕진 ('20.12.18)
세종	세종 ('17.8.3)	세종 ('16.11.3)
충남		천안 동남, 서북, 논산, 공주 ('20.12.18)
충북	–	청주 ('20.6.19)

* 부산: 기장군, 중구 제외 전 지역 지정   * 대구: 달성군 일부 지역 제외 전 지역 지정   * 울산: 동구, 북구, 울주군 제외 전 지역 지정

구 분		투기과열지구	조정대상지역	비규제지역
LTV	9억 이하	40%	50%	70%
	9~15억	20%	30%	
	15억 초과	대 출 불 가		

분양권 매수 포지션 ①
무주택자 + 내 집 마련

〈유의사항〉

① 지역마다 주택담보대출비율(LTV)을 확인한다.

② 입주 시 KB시세 대비 LTV 적용, 분양가 대비 LTV 적용 단지가 각각 다르다.

③ 분양가 대비 LTV 적용 후 필요자금을 계산하는 것이 안전하다.

④ 규제지역 내 주택 매입 후 양도 시 비과세 조건은 2년 보유+2년 거주 요건이 필수이다.

⑤ 전세대출 실행 중인 자가 투기과열지구 내 3억원 이상 주택 구입 시 즉시 대출이 회수되는 경우는 분양권과 입주권 구입은 제외된다. 단, 입주 시점에는 전세대출이 회수된다.

당첨이 불가능한 경우 분양권 매입을 통해 새 집을 취득할 수도 있다. 분양권 매수 적기는 보통 전매제한이 풀린 직후와 입주 중일 때이다. 사정상 팔아야 하는 매도자가 많은 만큼 매물도 많다.

분양권 매수 포지션 ②
무주택자·유주택자 + 투자

〈유의사항〉

① 투자 목적으로 분양권 매입 시 주택 보유수에 따라 취득세율을 확인한다.

② 1주택자(조정)가 비조정지역 1분양권 매수 후 등기 시 취득세율 1~3%를 적용한다.

③ 2주택자(2비조정)가 비조정지역 1분양권 매수 후 등기 시 취득세율 8%를 적용한다.

④ 2주택자(1조정+1비조정)가 비조정지역 1분양권 매수 후 등기 시 취득세율 8%를 적용한다.

⑤ 취득한 분양권을 입주 전 매도 시 일 년 미만 보유할 경우 양도세율 70%, 일 년 이상 보유할 경우 60% (2021.6.1부터)를 적용한다.

⑥ 2021. 1. 1 이후 분양권을 취득하고, 2021. 5. 31에 매도할 경우 양도세율 50%, 2021. 6. 1 이후에 매도 시 70%를 적용한다.

⑦ 거주하지 않는 비조정 1주택자는 2년 보유만 해도 양도 시 비과세이다.

⑧ 거주하지 않는 조정 1주택자는 2년 보유만 할 경우 기본 과세, 거주+보유해야 양도 시 비과세이다.

⑨ 중과세 대상 아파트는 2021. 6. 1부터 적용되는 아래 중과세율표를 참고한다.

⑩ 매수하는 분양권을 등기 시 취득세율 계산하는 방법은 당초 분양권 취득 당시 산정된 주택 수로 적용한다.

(예) 2주택 소유 상황에서 2020. 8. 12 이후 분양권을 취득한 후 입주 전 기존 주택 2채를 팔면 취득세 12%. 분양권 취득일 이전에 기존 주택을 매각해야 취득세율을 낮출 수 있다.

· 조정대상지역 주택 양도 시 중과세율 ·

과세표준	기본세율	중과세율				양도세 속산표
		현행		2021.6.1부터		
		2주택	3주택	2주택	3주택	
1,200만 원 이하	6%	16%	26%	26%	36%	과세표준×세율
1,200만 원 초과 4,600만 원 이하	15%	25%	35%	35%	45%	(과표×세율) − 108만 원
4,600만 원 초과 8,800만 원 이하	24%	34%	44%	44%	54%	(과표×세율) − 522만 원
8,800만 원 초과 1억 5천만 원 이하	35%	45%	55%	55%	65%	(과표×세율) − 1,490만 원
1억 5천만 원 초과 3억 이하	38%	48%	58%	58%	68%	(과표×세율) − 1,940만 원
3억 초과 5억 이하	40%	50%	60%	60%	70%	(과표×세율) − 2,540만 원
5억 초과 10억 이하	42%	52%	62%	62%	72%	(과표×세율) − 3,540만 원
10억 초과	45%	55%	65%	65%	75%	(과표×세율) − 6,540만 원

분양권 매수 포지션 ③
법인

〈유의사항〉

① 법인으로 분양권 매수 시 중도금 승계 불가, 중도금은 현금으로 납입해야 한다,

② 법인으로 분양권 매수 시 통상 중도금 납부조건이 없는 아파트만 대상으로 한다.

③ 법인은 주택 수 관계없이 취득세율 12%를 적용한다.

④ 법인으로 취득한 분양권을 입주 전 양도 시 법인세율 10% 적용은 2020.12.31까지만 해당한다.

⑤ 2021.1.1부터 법인 소유 분양권 양도 시 법인세율 20%를 추가 적용해 최종 30%를 과세한다.

⑥ 법인으로 취득한 분양권이 등기 후 주택이 되면 2주택까지 6억 공제 없이 종부세율 3%를 적용한다.(조정1+비조정1 또는 비조정2)

⑦ 법인 소유 주택 3주택(또는 조정2) 이상 시 6억 공제 없이 종부세율 6%를 적용한다.

아파트를 분양하고 완공하기까지 통상 2~3년의 시간이 필요하다. 저렴한 분양가에 입지가 좋은 수도권 아파트는 100% 분양완료 되지만 작은 도시나 입지가 뛰어나지 않은 지역 내 아파트는 미분양이 오랫동안 지속되기도 한다. 시행사나 건설사에서는 악성 미분양(준공 후 미분양)을 처리하기 위해 입주가 가까워질수록 계약자에게 파격적인 조건을 제시한다.

개인 명의 + 보증사용(HUG · HF) + 계약금 10%
개인 명의 + 보증 없음 + 계약금 10%
개인 명의 + 보증 없음 + 계약금 10% + 할인
개인 명의 + 보증 없음 + 계약금 정액제 + 할인
법인 명의 + 계약금 10%
법인 명의 + 계약금 10% + 할인
법인 명의 + 보증 없음 + 계약금 정액제 + 할인

입주가
다가올수록
계약 조건이
변경됨

법인은 중도금납입 조건이 없어야 투자의 매력을 느낄 수 있기 때문에 이러한 분양권 취득을 위해서는 조금의 손품이 필요하다. 통계청에서는 큰 줄기만 확인하고(단지명은 조회가 안 됨) 개별 단지 조회는 시·도청 홈페이지를 통해 확인한다.

① 통계청: 미분양주택현황보고
② 각 도청·시청 홈페이지: '미분양' 키워드 검색

분양권 전매 과정

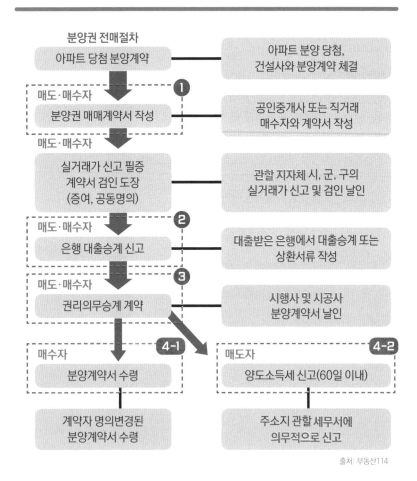

분양권 전매절차

| 아파트 당첨 분양계약 | 아파트 분양 당첨, 건설사와 분양계약 체결 |

① 매도·매수자

| 분양권 매매계약서 작성 | 공인중개사 또는 직거래 매수자와 계약서 작성 |

매도·매수자

| 실거래가 신고 필증 계약서 검인 도장 (증여, 공동명의) | 관할 지자체 시, 군, 구의 실거래가 신고 및 검인 날인 |

② 매도·매수자

| 은행 대출승계 신고 | 대출받은 은행에서 대출승계 또는 상환서류 작성 |

③ 매도·매수자

| 권리의무승계 계약 | 시행사 및 시공사 분양계약서 날인 |

4-1 매수자

| 분양계약서 수령 |

| 계약자 명의변경된 분양계약서 수령 |

4-2 매도자

| 양도소득세 신고(60일 이내) |

| 주소지 관할 세무서에 의무적으로 신고 |

출처: 부동산114

❶ 매매계약서 작성

: 아파트 매매계약서와 유사

: 대리 가능

❷ 중도금대출 승계

: 대리 불가

: 매수자는 중도금대출 건수와 금액을 미리 확인한다.

2018년 이전에 분양한 단지 매수 시 보증비율 90%
2018년 이후에 분양한 단지 매수 시 보증비율 80%

❸ 명의 변경

: 분양사무실에서 권리의무승계

: 잔금 및 중개보수 지급

4-1 매수자 분양계약서 수령

: 중도금대출승계(은행)와 권리의무승계(건설사)가 원활히 진행되면 1~2주 후 매수자는 분양계약서를 수령한다.

4-2 매도자 양도소득세 신고

: 60일 이내 신고

: 인적공제(연1회 250만 원 과세표준에서 공제)

: 다운계약서는 불법이다.

: 양도세 매수자 부담은 증여와 관련, 세무 전문가의 점검이 필요하다.

분양권 검색 방법 ①
호갱노노

호갱노노 장점

❶ '필터링'으로 분양권을 검색할 수 있다.
❷ 직관적으로 위치를 파악하기 쉽다.
❸ '집' 아이콘을 클릭하면 기초 정보가 나온다.

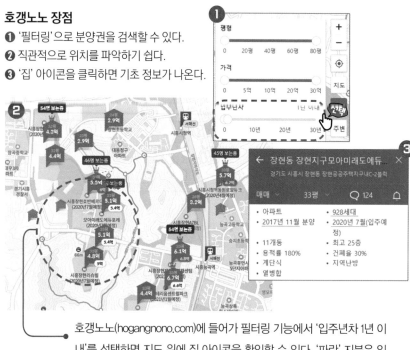

호갱노노(hogangnono.com)에 들어가 필터링 기능에서 '입주년차 1년 이내'를 선택하면 지도 위에 집 아이콘을 확인할 수 있다. '파란' 지붕은 입주한 지 일 년이 안 된 아파트, '빨간' 지붕은 분양완료 된 아파트, 빨간 지붕에 아무런 표시가 안 된 것은 분양예정 아파트를 나타낸다. 지도 베이스로 정보를 보여 주는 호갱노노는 직관적인 검색이 가능하다.

분양권 검색 방법 ②
아파트실거래가(아실)

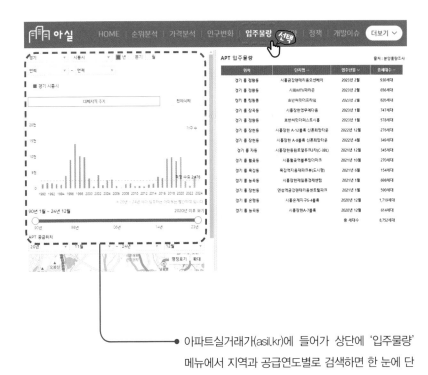

아파트실거래가(asil.kr)에 들어가 상단에 '입주물량' 메뉴에서 지역과 공급연도별로 검색하면 한 눈에 단지와 입주세대까지 파악이 가능하다.

몇 년 전까지만 해도 전국에 있는 분양아파트와 입주시기, 입주물량 파악은 투자를 좀 한다는 베테랑 투자자들만의 전유물이었다. 청약홈(과거 아파트투유)을 조회해 입주정보를 확인할 수 있지만 현재로부터 2년 전까지만 조회가 가능했다.

'아파트실거래가(아실)' 같은 빅데이터 전문 애플리케이션이 공개되면서 정보의 취합에 공을 들였던 시간이 단축됐다. 단축된 시간만큼 부동산 정책을 해석하고, 부동산 흐름과 심리를 파악할 수 있는 시간을 확보하게 됐다. 어떤 정보를 기억하는 것보다 어디에 무슨 정보가 있는지를 아는 것이 더 중요한 시대이다.

아실 입주물량 메뉴에서 전국 분양권 단지를 검색하고, 마우스로 끌고 와 엑셀에 복사하면 편집까지 가능하다. 전국의 입주물량을 단 몇 분 내에 파악하고 입맛에 맞게 보관 및 편집까지 할 수 있다는 장점이 있다.

가점 63점으로
원하는 타입 당첨

지역: 경기도 하남시

단지: 감일 푸르지오 마크베르

분양: 2020년 11월

공급유형: 일반공급

가점: 63점 (만점 84점)

특이사항: 총 청약자수 13만 4,955명, 최고 경쟁률 1,513:1을 기록한 하남 푸르지오 마크베르에서 하남 당해 통장으로 여유 있게 당첨

하남 당해 청약자는 보통 수업에서 만나기 힘들다. 인구가 적은 만큼 1순위 청약자수도 적다. 약 8만 명의 1순위 청약자가 거주해, 경기도 내에서 가장 많은 1순위 청약자(41만 명)를 보유한 수원시의 1/5 수준이다. 남양주 16만 명, 김포 12만 명보다 훨씬 밑도는 숫자다. 그렇기 때문에 당해 우선으로 청약하는 아파트나 미사신도시, 감일지구 같은 수도권 대규모 공공택지 내 분양에서도 경기·기타지역에 비해 훨씬 낮은 경쟁률과 당첨 커트라인의 결과를 보인다.

반면 하남시 당해 청약자가 아닌 경기, 서울, 인천 지역의 청약자는 70점 이상 돼야 당첨권이다. 감일 푸르지오 마크베르는 과천지식정보타운 분양과 맞물려 청약자가 공유된다. 당첨자 발표일이 과천보다 늦어서 과천이 안 되면 하남이라도 감지덕지인 분위기가 형성돼 이전의 감일지구 청약보다 훨씬 과열이 예견된 상황이었다.

이때 꿈꾸는아기곰님이 하남 당해 점수 63점이라며 필자에게 어느 타입을 넣어야 할지 물었고, 오랜만에 속 시원한 답변을 할 수 있었다.

"하고 싶은 거 하세요.^^"

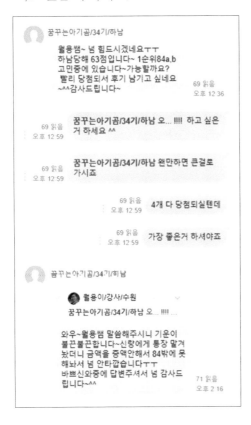

전용면적 84 m^2과 114 m^2에서 총 4개 타입을 분양했고, 어느 타입을 선택하든지 당첨이 가능한 점수였다. 물론 분양가상한제 이슈 전이라면 40~50점대로도 충분히 당첨이 가능했지만 상황이 바뀐 만큼 당첨을 장담하긴 어려웠다. 그래도 그동안의 하남시 분양아파트 청약결과와 3기 신도시 기대감 등 여러 요건을 고려했을 때 63점의 점수로 감일 푸르지오 마크베르에선 쉽게 당첨될 거라고 판단했다.

부동산 가격 상승기엔 면적이 넓을수록 오름폭이 더 크기 때문에 이왕이면 큰 평수를 선택할 것을 권유했으나 청약납입액이 400만 원 미만이라 114타입 선택은 불가했다. 그래도 84타입 중에 당첨은 가능하니 다행이었다. (경기도 면적별 통장납입금액: 전용 $85m^2$ 이하 200만 원, $102m^2$ 이하 300만 원, $135m^2$ 이하 400만 원, $135m^2$ 초과 500만 원)

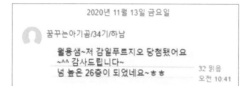

2020년 11월 13일 금요일

꿈꾸는아기곰/34기/하남

월용샘~저 감일푸르지오 당첨됐어요 ~^^ 감사드립니다~
넘 높은 26층이 되었네요~ㅎㅎ

32 읽음
오전 10:41

2020년 6월	주택형	공급세대	접수건수	경쟁률	가점최저	가점최고	평균
감일 푸르지오 마크베르	84A	55	583	34.29	62	68	64.53
			5139	518.64	74	79	75.73
			9391	558.70	72	79	74.07
	84B	86	771	29.65	60	69	63.92
			7090	460.88	69	75	71.65
			14110	509.95	69	79	71.47
	114A	203	3779	125.97	58	65	61.47
			26526	1513.75	69	74	70.4
			46774	1163.86	69	78	70.24
	114B	74	1289	99.15	58	64	60.57
			9775	1227.89	69	69	69
			9728	944.09	69	70	69.09

당첨자 발표일에 꿈꾸는아기곰님은 고층에 당첨됐다는 소식을 전해왔다. 가점 커트라인은 84A 62점, 84B 60점으로 꿈꾸는아기곰님의 보유가점 63점보다 1점과 3점 낮았고, 평균점수는 1~2점대 높은 결과로 나타났다.

하남을 포함해 시세보다 절반 가격에 분양함에도 불구하고 당해 당첨커트라인이 낮은 지역으로는 광명과 과천이 있다. 3기 신도시가 들어설 수도권 대규모 택지공급지와 수많은 재개발이 추진되고 있는 인천도 당해 청약자가 유리하다. 또한 평택과 세종처럼 수도권으로 포함시키긴 애매하지만 개발과 수도 이전 이슈로 아파트값이 크게 상승한 지역 내에서 분양하는 택지공급지 역시 당해 통장의 이점을 활용할 수 있다. 앞에서 소개한 청약 당첨사례를 여러 번 곱씹어 보면 팁이 많이 보일 것이다. 이를 자신의 상황에 적용해 내 집 마련의 목표에 한층 더 가까워지길 기대한다.

Supplement

알짜 부록

Apartment Application Strategy

01 월용이의 청약 관련 자주 듣는 질문 모음

1. 청약 및 재당첨 제한

Q1 청약 시 세대주 요건이 입주자 모집공고일 당일인가요?

A 입주자 모집공고일 당일까지 거주지 주민센터에서 세대주 변경을 해야 한다.

Q2 청약부적격 당첨자의 경우 당첨일로부터 수도권 1년, 수도권 외의 지역 6개월 (투기과열지구 및 청약과열지역 1년), 수도권 및 수도권 외의 지역 중 위축지역은 3개월간 다른 분양주택의 청약이 제한되는데 세대원도 1년간 청약제한이 적용되나요?

A 아내가 세대주가 아닌데 청약과열지역에서 당첨된 후 부적격 판정을 받으면 이후 세대주인 남편이 청약과열지역에서 청약 시 자격 제한이 적용되지 않고 청약 신청이 가능하다.

Q3 통장예치금을 공고일 당일날 넣어도 되나요?

A. 민영주택 청약 시 입주자 모집공고일 기준으로, 청약하려는 주택의 전용면적에 해당하는 예치 기준 금액 이상을 납입하면 인정된다. 즉, 민영주택은 당일 납입도 인정된다. 공공주택의 경우 입주자 모집공고일 전날까지 납입해야 한다.

Q4 결혼해서 새로운 세대를 구성할 경우, 결혼 전 당첨 후 계약을 포기한 경우에도 1순위 제한 및 재당첨 제한이 되나요?

A 당첨 후 계약을 포기하더라도 당첨자로 관리되고 있으므로 조정대상지역에서 민영주택 청약 시 1순위 제한 사유 중 하나인 "과거 5년 이내 다른 주택의 당첨자가 된 자의 세대에 속한 자"에 해당되며 1순위가 제한된다. 비조정대상지역 내 청약 시에는 1순위 제한 및 재당첨 제한에 해당하지 않는다.

Q5 부적격 당첨자의 청약통장 사용 시기는요?

A 당첨일로부터

1. 수도권: 1년

2. 수도권 외의 지역: 6개월(투기과열지구 및 청약과열지역은 1년)

3. 청약위축지역: 3개월

Q6 투기과열지구 내에서 재건축 조합의 관리처분인가일 당시 조합원일 경우, 투기과열지구 내 정비사업의 민영주택 청약 시 재당첨 제한 여부는요?

A 2018년 5월 4일 이전에 관리처분계획인가를 받거나 신청한 정비사업의 조합원, 사업시행계획인가를 받거나 신청한 가로주택정비사업·소규모재건축사업은 재당첨 제한 대상에 해당하지 않는다.

Q7 주택 청약 1순위 제한과 관련해 선착순으로 당첨된 것도 당첨자인가요?

A 미분양 후 선착순으로 당첨된 경우는 당첨자가 아니므로 재당첨 제한을 적용하지 않는다.

Q8 경기도 포천시 신북면 OO리에서 경기도 하남시 OO로 이주했다면 ① 다른 주택건설지역으로 이주한 경우로 보는지 ② 공급규칙 제53조제2호의 도시지역이 아닌 범위에 속하는지 ③ 수도권에 소재한 도시지역이 아닌 지역도 포함되는지요?

A ① 해당 주택의 소유자가 해당 주택건설지역에 거주하다가 다른 주택건설지역(포천시에서 하남시로)으로 이주한 경우로 판단한다.

Q9 공공분양 아파트 분양권을 상속받은 사람은 입주 시까지 무주택 세대구성원 요건을 지켜야 하나요?

A 「주택공급에 관한 규칙」제4조제2항에 따르면 국민주택의 일반공급대상은 입주자 모집공고일부터 입주할 때까지 무주택 세대구성원이어야 한다. 다만, 입주자로 선정되거나 사업계획상의 입주대상자로 확정

된 후 결혼 또는 상속으로 무주택 세대구성원의 자격을 상실하게 되는 자와 공급계약 후 입주할 수 있는 지위를 양수한 자는 그러하지 아니하도록 규정한다. 따라서 공공분양 아파트의 분양권을 상속으로 받은 경우는 공급계약 후 입주할 수 있는 지위를 양수한 자에 해당하므로 입주 시까지 무주택 세대구성원 요건을 지키지 않아도 된다.

Q10 입주자 모집공고일 현재는 1세대 1주택이지만 입주자 모집공고일 다음 날 주택을 1호 또는 1세대를 매입해 잔금까지 치르면 1세대 2주택이 된다. 이 경우 조정대상지역 민영주택 청약 시 1순위 제한이 되나요?

A 「주택공급에 관한 규칙」제28조제1항에 따르면 사업주체가 입주자를 선정하는 경우에 입주자 모집공고일을 기준으로 1순위 자격 여부를 확인하도록 규정하고 있다. 따라서 입주자 모집공고일 다음 날 다른 주택의 잔금을 치러 주택의 소유권을 취득하더라도 청약하는 민영주택의 1순위 자격에는 영향을 미치지 않는다.

Q11 이중국적자로서 국내 주민등록이 말소되고 국내 거소증이 있는 상태에서 민영주택의 청약이 가능한가요?

A 주민등록이 된 재외국민인 경우 주민등록증 사본 또는 주민등록 등·초본, 외국국적동포(2016년 6월 30일까지는 주민등록이 되지 아니한 재외국민을 포함)인 경우 국내거소신고증 사본을 제출하면 청약이 가능하다.

Q12 외국인인 경우(출입국 관리법에 따른 외국인 사실증명서상에 세대주로 표시) 투기과열지구 또는 청약조정대상지역에서 1순위로 청약이 가능한가요?

A 외국인이 '출입국관리법 시행규칙'별지 제139호 서식(외국인등록 사실증명)에 외국인 '세대주'로 기재됐더라도 주민등록법상의 세대주 또는 세대원으로 보기는 어렵다는 법무부(외국인정책과)의 유권해석과, 주민등록법을 담당하는 행자부(주민과)에서도 외국인은 주민등록법상 세대주나 세대원이 될 수 없다고 법령을 해석했으므로 외국인은 세대주가 될 수 없고 따라서 공급규칙 제28조제1항에 따라 조정대상지역의 민영주택에 청약 시에는 1순위 자격을 받을 수 없다.

Q13 주택청약 신청 시 주택타입 변경(주택형을 84A 타입에서 84B 타입으로)이 가능한가요?

A 사업주체가 인터넷을 통한 청약접수를 원칙으로 제시한 경우 해당 청약 일에 청약접수 시간 내에서만 평형을 변경할 수 있다.

2. 특별공급

Q1 과거 아버지가 특별공급을 받은 경우, 주민등록표상 세대분리 된 아들의 특별공급 신청이 가능한가요?

A 아버지가 과거에 특별공급을 받았더라도 현재 아들이 아버지의 주민

등록표상에 등재돼 있지 않은 경우(세대분리)에는 1세대 1주택의 기준에 해당하지 않아 아들은 특별공급 신청이 가능하다.

Q2 **무허가 건축물을 소유하고 있는 경우 생애최초 특별공급 신청이 가능한가요?**

A 「주택공급에 관한 규칙」제53조제8호에 따라 무허가 건물을 소유하고 있는 경우(연면적 200㎡ 미만이거나 2층 이하)로 증명은 청약신청자가 직접 항공사진 또는 건축물 대장, 재산세 납부 내역 등 해당 건축물이 위 조문에 따른 건축물임을 입증하여야 한다. 무허가 건물의 면적은 재산세 부과 면적으로, 위치는 토지이용계획확인원으로, 건축시기는 국립지리원 등의 해당 연도 항공사진으로 증명한다.

무허가 건물로 인정받은 경우 처음부터 주택을 소유하지 않은 것으로 간주되며, 청약신청자를 포함한 전 세대원이 주택을 소유한 적이 없는 경우에 생애최초 특별공급 신청 요건 중 하나인 무주택 기준을 충족할 수 있다.

Q3 **현 거주지가 경상남도 김해시인데 부산 지역 아파트의 다자녀 특별공급 신청시 배점항목 중 시·도 거주기간을 인정받을 수 있나요?**

A 해당 시·도 거주기간은 공급신청자가 해당지역에 입주자 모집공고일 현재까지 계속 거주한 기간으로서 시는 광역시·특별자치시 기준이고, 도는 도·특별자치도 기준이며, 수도권의 경우 서울·경기·인천 지역 전체를 해당 시·도로 보고 있으며, 해당 시·도 거주기간 확인은 주민

등록표등본이나 주민등록표초본으로 확인하도록 규정하고 있다.

따라서 다자녀특별공급 신청자가 현 거주지가 경상남도 김해시이면서 당해 건설지역이 부산특별시 지역에 공급하는 주택에 청약하는 경우라면 상기 주민등록표 등·초본상 당해 건설지역에 거주한 사실이 없음으로 당해 시·도 거주기간을 인정받지 못한다.

Q4 前 남편(특공 당첨)과 이혼 후 재혼 시 특별공급 자격 여부는요?

A 주택의 특별공급은 한차례에 한정해 1세대 1주택 기준으로 공급하도록 규정하고 있으며, 이혼 시 새로운 세대가 구성되었고 본인의 특별공급 당첨 사실이 없으므로 세대원 전체에서 특별공급 당첨 사실이 없으면 청약이 가능하다.

Q5 노부모 부양 특별공급 청약 시 청약자의 어머니는 동일한 주민등록에 등재돼 있으나 아버지는 주민등록이 분리되어 있는 경우, 아버지도 무주택이어야 하나요?

A 노부모 부양 특별공급은 65세 이상의 직계존속을 3년 이상 부양한 자에게 주택을 공급하는 것이므로 주민등록이 분리된 피부양자의 배우자도 무주택이어야 하며, 청약자의 주민등록표에 본인의 직계존속(부모, 조부모)과 배우자의 직계존속(장인, 장모) 중 한쪽(어머니, 할머니, 장모)만 등재되어 있는 경우에는 주민등록이 분리된 다른 한쪽(아버지, 할아버지, 장인)도 모두 무주택이어야 한다.

Q6 등본상 노부모 부양을 성인 자녀 2명이 등재돼 있고, 자녀1이 세대주로서 작년 과밀억제권역에서 특별공급이 당첨됐다면 5년 후에 자녀2가 세대주로서 특별공급 신청이 가능한가요?

A 피부양자인 노부모의 자녀가 2명 있는 경우에 자녀 1, 2가 각각 3년 이상 노부모를 부양할 경우 재당첨 제한 및 공급규칙 제55조에 따라 특별공급은 세대별 한차례에 한정해 1세대 1주택 기준에 위반되지 않을 경우, 자녀1, 2 각각 번갈아 노부모 부양 특별공급 신청이 가능하다.

3. 주택 소유 및 무주택기간

Q1 오피스텔도 주택을 소유한 것에 해당하나요?

A
- 주거용·상업용 오피스텔 모두 주택이 아닌 주택 외의 건축물에 해당하므로 주택을 소유한 것이 아니다.
- "도시형 생활주택"은 주택을 소유한 것으로 간주, 건축물 대장상의 용도를 확인해 오피스텔인지 도시형 생활주택인지를 확인 후 주택 소유 여부를 판단해야 한다.
- 도시형생활주택 중 전용면적이 $20m^2$ 이하인 경우 무주택으로 간주한다.(다만, 2호 또는 2세대 이상의 주택을 소유한 자는 제외)

Q2 주택을 임대사업자로 등록해 2채 소유하고 있는 경우, 주택 소유 여부를 판단하는 기준은요?

A 주택임대사업자 등록 여부는 청약 시 주택 수 판단에 영향이 없다. 즉, 청약 시에는 임대등록 된 주택도 주택을 소유한 것으로 간주한다.

Q3 주택 소유 또는 무주택기간 산정 기준은요?

A 주택 소유 또는 무주택기간은 다음 각 호에서 정한 날을 기준으로 하되, 제1호와 제2호의 처리일자가 다를 경우에는 먼저 처리된 날을 기준으로 한다.

1. 건물 등기사항증명서: 등기접수일
2. 건축물대장등본: 처리일
2의2. 분양권 등에 관한 계약서: 「부동산 거래신고 등에 관한 법률」 제3조에 따라 신고된 공급계약체결일
2의3. 제2조제4호다목에 따른 분양권 등의 매매계약서
　　가. 분양권 등의 매매 후 「부동산 거래신고 등에 관한 법률」 제3조에 따라 신고된 경우에는 신고서상 매매대금 완납일
　　나. 분양권 등을 증여나 그 밖의 사유로 처분한 경우 사업주체와의 계약서상 명의변경일
3. 그밖에 주택 소유 여부를 증명할 수 있는 서류: 시장 또는 군수 등 공공기관이 인정하는 날

Q4 LH가 공공택지 개발사업 구역 내 甲소유의 A주택을 토지보상법에 따라 수용 대상으로 결정, 보상금을 법원에 공탁한 후 7년이 지나서 주택에 대한 소유권 이전등기가 이루어진 경우 주택 소유 또는 무주택기간은 언제를 기준으로 하여 판단하나요?

A 토지보상법 제40조에 따라서 주택에 대한 보상금을 법원에 공탁한 날부터 LH공사는 해당 주택에 대한 소유권을 실질적으로 취득한다고 할 것이므로 주택 소유 또는 무주택기간의 기준일은 법원에 공탁한 날이 된다.

Q5 단독주택을 소유했는데 토지는 본인 명의, 건물은 아들 명의로 등기한 경우 본인의 주택 소유 여부는요?

A 토지를 소유하고 있는 경우에는 주택 소유자로 보지 않는다.

Q6 면 소재지에 1945년에 준공검사를 받은 50㎡ 단독주택을 소유하고 있으며, 현재 당해지역(시) 내에 거주하고 있는 경우 주택 소유자로 보나요?

A 도시지역이 아닌 지역 또는 면의 행정구역(수도권 제외)에 건축돼 있는 주택으로 사용승인 후 20년 이상 경과된 단독주택이나 85㎡ 이하의 단독주택 및 소유자의 「가족관계의 등록 등에 관한 법률」에 따른 최초 등록기준지에 건축돼 있는 주택으로 직계존속 또는 배우자로부터 상속 등에 의해 이전받은 단독주택인 경우, 주택의 소유자가 해당 주택 건설지역에 거주하다가 다른 주택 건설지역으로 "이전"한 경우에는 주택을 소유하지 아니한 것으로 보므로, 해당 주택건설 지역에서 "이

전"하지 않고 계속 거주하고 있는 경우에는 주택 소유자로 본다.

Q7 아파트를 단독 상속받은 경우에 무주택자로 볼 수 있나요?

A 상속으로 인해 주택의 "공유지분"을 취득한 사실이 판명돼 사업주체로부터 주택전산검색에 따른 부적격 통보를 받은 날부터 3개월 이내에 그 지분을 처분한 경우에는 주택을 소유하지 않은 것으로 보나, "단독 상속"인 경우에는 주택을 소유한 것으로 본다.

Q8 주택의 법원경매 시 주택 소유 여부를 판단하는 기준 시점은요?

A 「민사집행법」제135조(소유권의 취득시기)에 따르면 매수인은 매각대금을 다 낸 때에 매각의 목적인 권리를 취득하도록 규정한다. 따라서, 경매가 개시된 주택의 소유자는 부동산의 낙찰자가 결정되고 낙찰자가 매각대금을 완납한 날 소유권을 상실하고, 낙찰자가 당해 부동산의 매각대금을 완납한 날 소유권을 취득하게 되므로 이를 기준으로 주택 소유 여부를 판단한다.

Q9 이혼 시 청약가점제의 무주택기간 산정 방법은요?

A 청약신청자가 이혼한 상태인 경우 전 배우자의 주택 소유 여부와 관계없이 본인이 주택을 소유해 처분한 시점부터 무주택기간을 산정해야 한다.

※ 만 30세 이전에 결혼한 후 이혼했다가 그 후 다시 재혼한 경우, 무주택기간 산정에 적용

되는 혼인일자의 기산점은(재혼의 혼인신고일이 아니라) 최초 혼인신고일. 이혼 후 입주자 모집공고일 현재 독신인 경우도 최초 혼인신고일을 기준으로 무주택기간을 산정한다.

Q10 **동일 주택 1호 또는 1세대를 아버지와 아들이 공유지분 상태로 소유한 경우에 1세대 1주택인지 1세대 2주택인지요?**

A 동일 지번에 위치한 1호 또는 1세대의 단독주택 또는 공동주택을 아버지와 아들이 전유부분을 구분 소유하지 않고, 전체를 공유지분으로 소유한 경우에는 1세대 1주택에 해당한다.

Q11 **펜션 이용권을 보유하고 있어 다세대주택 공유지분 소유자로 간주되는데 펜션은 주택이 아닌 숙박시설이기 때문에 무주택으로 간주되나요?**

A 건축물대장상 펜션(다세대주택)을 숙박시설로 변경하거나 등기부상 지분 소유자가 아닌 숙박권이용 권리로 변경하는 경우 주택을 소유하지 않은 것으로 간주한다.

Q12 **소형저가주택 주택공시가격 처분 기준일 2016년 1월 29일에 양도된(등기부등본상 접수일) 소형저가주택의 경우 2016.1.1 주택가격 공시가격과 2017.1.1 주택가격 공시가격 중 어느 날을 기준으로 보아야 하나요?**

A 가) 입주자 모집공고일 후에 주택을 처분하는 경우

: 입주자 모집공고일에 가장 가까운 날에 공시된 주택공시가격

나) 입주자 모집공고일 이전에 주택이 처분된 경우

: 처분일 이전에 공시된 주택공시가격 중 처분일에 가장 가까운 날에

공시된 주택공시가격

다) 분양권 등의 경우

: 공급계약서의 공급가격

입주자 모집공고일이 2018.4.2일이라면 모집공고일 이전에 처분된 경우로써 처분일(2018.1.29) 이전에 공시된 주택공시가격 중 처분일에 가장 가까운 날에 공시된 주택공시가격을 주택가격으로 보도록 규정돼, 개별주택공시가격이 2015년 9월 말과 2015년 4월 말 2가지가 있을 경우에는 2015년 9월 말 주택공시가격이 처분일에 가장 가까운 날에 공시된 주택공시가격이 주택가격이 된다. 만약 2015년 9월 말 공시가격이 없고 2015년 4월 말 공시가격밖에 없다면 이를 적용한다. 2016년 1월 1일 기준 주택공시가격은 통상 2016년 4월 말에 고시되므로 처분일(2016.1.29) 이전에 공시된 것이 아니고 처분일 이후 공시된 주택가격이 돼 이를 적용할 수 없다.

4. 부양가족

Q1 **외국인 배우자를 부양가족으로 인정하나요?**

A 민영주택 가점제 부양가족 산정 시 외국인이 배우자인 경우에는 가족관계증명서 등으로 법적 부부 관계가 확인되면 부양가족으로 인정한다.

Q2 **청약가점제의 부양가족 중 청약통장 가입자의 직계존속은 세대주 변경 시점부터 3년 이상인지 주민등록표에 등재된 날부터인지요?**

A 세대주 변경과 관계없이 직계존속의 주민등록 전입신고일을 기준으로 3년 이상 계속해 입주자저축 가입자 또는 그 배우자와 동일한 주민등록표에 등재된 경우에 부양가족으로 인정한다.

Q3 **민영주택 가점제 및 다자녀 특공 시 재혼배우자의 미혼자녀(30세 미만)를 부양가족으로 인정받을 수 있나요?**

A 입주자 모집공고일 현재 청약신청자의 세대별 등록표상에 같이 등재된 경우에 한해 부양가족(다자녀 특별공급 시 자녀수)으로 인정받을 수 있다. 남편(청약신청자)과 아내가 재혼했고 남편과 아내가 주민능복 세대분리 된 경우에 아내의 친자녀(전혼(前婚) 배우자의 자녀) 2명이 아내의 주민등록등본에 기재되고 청약신청자인 남편의 주민등록등본에는 등재되지 않은 경우에는 아내의 친자녀 2명은 남편의 부양가족(다자녀 특별공급 시 자녀수)에 해당하지 않는다.

남편(청약신청자)과 세대분리 된 아내(재혼배우자)의 자녀가 인정되는 경우는 남편과 아내(재혼배우자) 사이에서 재혼 후 태어난 자녀(직계비속, 親자녀)만 해당한다.

※ 가족관계등록부에서도 재혼한 배우자의 자녀는 상대배우자의 가족관계등록부에 표시되지 않는다.

Q4 의무 복무 중인 자녀는 부양가족으로 인정되나요?

A 청약신청자 또는 그 배우자와 동일한 주민등록표에 등재돼 있는 자녀가 의무 복무 중이라면 부양가족으로 인정된다.

Q5 아내가 청약자이며 세대주이고, 남편은 세대원으로 결혼 전부터 시어머니와 시아버지를 모시고 10년 이상 계속 같은 주소지에 거주하면서 아내와 일 년 전 결혼하고 혼인신고한 후, 새로운 주소지로 이사해서 계속 부모님을 모시며 살고 있다. 아내가 청약 시 시부모님을 부양가족으로 인정받을 수 있나요?(즉, 남편이 시부모님을 결혼 전부터 모시고 있던 3년 기간이 인정되는지)

A 입주자 모집공고일을 기준으로 최근 3년 이상 계속해 입주자저축 가입자 또는 그 배우자와 동일한 주민등록표상에 등재돼 있는 경우에 부양가족으로 인정된다(배우자의 직계존속을 포함). 즉, 청약통장 가입자가 아닌 배우자의 직계존속이더라도 현재 세대주로서 최근 3년 이상 계속해 동일한 주민등록표상에 등재된 경우 부양가족으로 볼 수 있다.

5. 전매제한

Q1 분양권의 전매제한 기간의 계산법은요?

A 해당 주택의 입주자로 선정된 날부터 해당 제한기간에 도달한 때까지이다. 예를 들어 당첨자 발표일이 2018.9.12이고 전매제한 기간이 일 년인 경우 전매제한 기간은 2018.9.12 ~ 2019.9.11이며 다음 날인

2019.9.12일부터 전매가 가능하다.

Q2 조정대상지역에서 해제됐다면 전매제한은 어떻게 되나요?

A 조정대상지역 해제의 효과는 즉시 발효, 조정대상지역 전매제한이 소멸된 후에도 남아 있는 분양가상한제 적용 주택 등 그 밖의 전매제한 기간이 경과한 후부터는 전매가 가능하다.

Q3 본인(세대주)의 근무지가 울산광역시에서 서울특별시로 변경돼 불가피하게 세대원 전원이 경기도 고양시로 이전 시 전매제한 예외가 인정되나요?

A 「주택법 시행령」제73조제2항에 따르면 법 제64조제2항 본문에서 근무 또는 생업상이 사정이나 질병치료·취학·결혼으로 인하여 세대원 전원이 다른 광역시, 특별자치시, 특별자치도, 시 또는 군(광역시의 관할구역에 있는 군은 제외한다)으로 이전하는 경우. 다만, 수도권으로 이전하는 경우는 제외하므로 질문과 같이 수도권으로 이전한 경우에는 위 전매제한 예외 사유에 해당하지 않는다. 전매 불가이다.

Q4 분양권 전매제한 기간 내 예외로 인정되는 경우는요?

A 1. 근무 또는 생업상의 사정이나 질병치료·취학·결혼으로 인해 세대원 전원이 다른 광역시, 특별자치시, 특별자치도, 시 또는 군(광역시의 관할구역에 있는 군은 제외)으로 이전하는 경우 인정된다. 다만, 수도권으로 이전하는 경우는 제외된다.

2. 상속에 따라 취득한 주택으로 세대원 전원이 이전하는 경우 인정된다.

3. 세대원 전원이 해외로 이주하거나 2년 이상의 기간 동안 해외에 체류하려는 경우 인정된다.

4. 이혼으로 인해 입주자로 선정된 지위 또는 주택을 배우자에게 이전하는 경우 인정된다.

5. 토지보상법에 따라 사업시행자로부터 이주대책용 주택을 공급받은 경우 인정된다.

6. 주택의 소유자가 국가·지방자치단체 및 금융기관에 대한 채무를 이행하지 못하여 경매 또는 공매가 시행되는 경우 인정된다.

7. 입주자로 선정된 지위 또는 주택의 일부를 배우자에게 증여하는 경우 인정된다.

Q5 전매제한 예외 사유에 해당돼 사업주체의 동의를 얻어 전매를 하려할 때, 어떠한 절차로 진행되는지와 필요한 서류는 무엇인지요?

1. 규제지역 내 세대분리 된 부부가 세대주로 각각 청약하여 당첨 시 처리방법
 - 과거 5년 이내 당첨 사실이 없고, 2주택자가 아닌 경우

구분		본인 (특별+1순위)	본인(특별) +배우자(1순위)	본인(1순위) +배우자(1순위)
당첨자 발표일 같은 경우	같은 단지	특별당첨 인정 (1순위 무효)	특별당첨 인정 1순위 당첨 부적격 (재당첨 제한)	둘 다 부적격 (재당첨 제한)
	다른 단지	둘 다 무효	둘 다 부적격 (재당첨 제한)	둘 다 부적격 (재당첨 제한)
당첨자 발표일 다른 경우		선당첨 인정 후당첨 부적격(재당첨 제한)		

2. 규제지역 내 + 규제지역 외 중복 청약 후 당첨 시 처리방법 (배우자 세대분리 포함)
- 과거 5년 이내 당첨 사실이 없고, 2주택자가 아닌 경우

<table>
<tr><th colspan="2">구분</th><th>본인 + 본인</th><th>본인 + 배우자</th></tr>
<tr><td rowspan="3">당첨자
발표일
같은 경우
(다른 단지)</td><td>특별(규제 내) +
특별(규제 외)</td><td>둘 다 무효</td><td>모두 부적격</td></tr>
<tr><td>특별(규제 내) +
1순위(규제 외)</td><td>둘 다 무효</td><td>둘 다 인정</td></tr>
<tr><td>1순위(규제 내) +
1순위(규제 외)</td><td>둘 다 무효</td><td>둘 다 인정</td></tr>
<tr><td rowspan="4">당첨자
발표일
다른 경우</td><td>특별(규제 내)
+ 특별(규제 외)</td><td>선당첨 인정
특별(통장)+특별(통장) =후당첨 무효
특별(통장)+특별(미통장)=후당첨 부적격</td><td>선당첨 인정,
후당첨 부적격</td></tr>
<tr><td>특별(규제 내)
+ 1순위(규제 외)</td><td>선당첨 인정
특별(통장)+1순위 =1순위 무효
특별(미통장)+1순위 =둘 다 인정</td><td>둘 다 인정</td></tr>
<tr><td>1순위(규제 내)
+ 특별(규제 외)</td><td>신당첨 인정
1순위+특별(통장) =특별 무효
1순위+특별(미통장) =둘 다인정</td><td>둘 다 인징</td></tr>
<tr><td>1순위(규제 내)
+ 1순위(규제 외)</td><td>선당첨 인정 1순위 무효</td><td>둘 다 인정</td></tr>
</table>

3. 비규제지역에서 중복 청약 후 당첨 시 처리방법 (배우자 세대분리 포함)

<table>
<tr><th colspan="2">구분</th><th>본인 + 본인</th><th>본인 + 배우자</th></tr>
<tr><td rowspan="4">당첨자
발표일
같은 경우
(다른 단지)</td><td>특별 + 특별</td><td>둘 다 무효</td><td>모두 부적격</td></tr>
<tr><td>특별 + 1순위</td><td>둘 다 무효</td><td>둘 다 인정</td></tr>
<tr><td>1순위 + 1순위</td><td>둘 다 무효</td><td>둘 다 인정</td></tr>
<tr><td>1순위(민영상한제) +
1순위(국민)</td><td>둘 다 무효</td><td>둘 다 인정</td></tr>
</table>

		선당첨 인정	선당첨 인정,
당첨자 발표일 다른 경우	특별 + 특별	특별(통장)+특별(통장)=후당첨 무효 특별(통장)+특별(미통장)=후당첨 부적격	후당첨 부적격
	특별 + 1순위	선당첨 인정 특별(통장)+1순위=1순위 무효 특별(미통장)+1순위=둘 다 인정	둘 다 인정
	1순위 + 1순위	선당첨 인정	둘 다 인정
	1순위(민영상한제,국민) + 1순위(국민)	선당첨 인정	선당첨 인정, 후당첨 부적격
	1순위(국민) + 1순위(민영상한제)	선당첨 인정	둘 다 인정

6. 당첨자 선정 및 계약

Q1 입주자로 선정된 자의 배우자 명의로 분양계약을 체결할 수 있는지요?

A 정당한 당첨자와 공급 계약을 체결하도록 규정(주택공급에 관한 규칙 제 59조제1항)하고 있기 때문에 불가능하다. 다만, 계약체결 이후 사업주 체의 동의를 받아 부부 공동명의는 가능하다.

Q2 각 타입별 최하층 우선배정 신청분은 미달된 상황이나 본래 우선배정 취지와 다르게 장애인, 다자녀, 고령자가 아닌 신청자와 배우자가 각각 신청해 당첨 된 경우에 어떻게 처리하는지요?

A 「주택공급에 관한 규칙」제51조에 따라 사업주체는 당첨자 중 1층의 주택을 희망하는 자에게 1층의 주택을 우선 배정해야 하나, 서류 확인 결과 자격 요건을 갖추지 않은 자가 1층을 배정받은 경우에는 다음과

같은 방법으로 처리한다.

1) 1층의 주택을 희망한 당첨자가 적은 경우(1층 주택 수 〉 1층의 주택을 희망한 당첨자)에는 기 배정된 대로 인정한다.

2) 1층의 주택을 희망한 당첨자가 많은 경우(1층 주택 수 〈 1층의 주택을 희망한 당첨자)에는, 1층의 주택을 희망했으나 경쟁 등으로 인해 다른 층에 배정된 자들 중에서 희망하는 자에게 배정(교환)함을 원칙으로 하되, 구체적인 처리 절차 및 방법은 사업주체와 당사자 간의 협의를 통하여 결정한다.

Q3 **2개의 주택단지에 중복 청약해 A단지 당첨, B단지 예비입주자로 선정된 후 A단지의 당침일과 B단지의 예비입주자 동호수 추첨일이 같은 날인 경우 처리 방법은요?**

A B주택의 예비입주자 동·호수 추첨에는 참여할 수 없고 A주택은 계약 체결이 가능하다.

Q4 **청약신청자가 공급계약 체결 전에 사망한 경우 상속인이 그 권리를 상속받을 수 있나요?**

A 국민주택은 1세대 1주택 기준으로 주택을 공급하므로 청약신청 후 청약자가 예비당첨자나 정당당첨자 상태에서 사망했다면 무주택 세대구성원인 단독상속인 또는 공동상속인(배우자, 직계존비속 등) 중 합법적으로 승인된 대표상속인(이하 '단독상속인 등'이라 한다)은 관련 권한을 상속받을 수 있고, 해당 입주자 모집공고일 기준에 따라 정당당첨

자로 판명된 경우 공급계약을 체결할 수 있다.

Q5 수도권 대규모 택지개발지구 입주자 선정 관련, 당해 30%, 경기 20%, 기타 수도권 50%로 선정하는데 청약가점의 최저가점 커트라인(최저점)이 당해 34점, 경기도 44점, 기타지역 40점인 경우, 경기도 거주자가 커트라인 점수인 44점으로 당첨되는데 무주택 산정 오류로 42점으로 경기 최저가점 커트라인(최저점)에는 부적격, 기타지역 최저가점인 40점보다는 높을 시 부적격으로 판정되나요?

A 가점 재산정 결과가 기타지역 최저점수보다 높은 경우에는 정당 당첨자로 인정된다.

Q6 중복당첨 처리방법

A ■ 원 칙
– 당첨자 발표일이 동일한 주택에 본인이 동시 청약하는 경우 모두 무효 처리

단, 특별공급 인터넷 청약실시 및 특별공급 당첨자 발표일 변경에 따라 동일단지의 경우 특별 및 일반공급 중복 청약을 허용하되, 특별공급 당첨 시 일반공급은 무효처리 한다. 또한 투기(청약)과열지구에서 분양하는 주택으로써 동일단지인 경우 세대에서 특별공급 및 일반공급 동시 청약은 가능하나 둘 다 당첨될 경우 특별공급은 인정하되 일반공급은 부적격 처리한다.
– 당첨자 발표일이 서로 다른 경우 선당첨을 우선으로 한다.

02 수도권, 지방 광역시 분양권 전매 가능 단지

정부 정책이 발표될 때마다 정해진 패턴이 있다. 규제책에서는 대출과 세금을 조인다. 주택을 많이 갖고 있을수록 규제에 취약하다는 뜻이니 다주택자들은 주택을 줄일 수밖에 없다. 그렇게 되면 주변지를 팔고 중심지를 보유하는 기조로 움직인다. 즉, 교통이 불편하고 일자리가 적고 소형도시일수록 타격을 받게 된다. 규제를 받을 때 아래 리스트 중에서 역효과가 날 가능성이 있는 도시는 각자의 기준에 따라 판단하길 바란다.

수도권(자연보전권역은 제외)과 지방 광역시에서 분양하는 2020년 9월 22일 이후 입주자 모집공고 승인단지는 소유권이전등기일(또는 3년)까지 분양권을 거래하지 못한다. 현재 서울은 분양권 거래가 가능한 단지가 없고, 그 외 수도권과 광역시에서는 입주 전 거래가 가능한 분양권들이 있다.

무주택자이지만 청약 당첨이 어려운 청약자들은 프리미엄을 지불하더라도 적정 기준(거주지역, 출퇴근거리, 학군, 이동동선 등)과 부합하는 지역 내 분양권을 눈여겨 볼 필요가 있다.

· 투기과열지구 및 조정대상지역 구분 ·

구분	투기과열지구	조정대상지역
서울	전 지역 ('17.8.3)	전 지역 ('16.11.3)
경기	과천 ('17.8.3) 분당 ('17.9.6) 광명, 하남 ('18.8.28) 수원, 성남수정, 안양, 안산단원, 구리, 군포, 의왕, 용인수지기흥, 동탄2 ('20.6.19)	과천,성남,하남,고양(7개),남양주(별내,다산동),동탄2 ('16.11.3) 광명 ('17.6.19) 구리, 동안, 광교 ('18.8.28) 팔달,수지,기흥 ('18.12.31) 영통,권선,장안,만안,의왕 ('20.2.21) 고양, 남양주, 군포, 안성, 부천, 안산, 시흥, 용인처인, 오산, 평택, 광주, 양주, 의정부 ('20.6.19) 김포 ('20.11.20) 파주 ('20.12.18)
인천	연수, 남동, 서 ('20.6.19)	중, 동, 미추홀, 연수, 남동, 부평, 계양, 서 ('20.6.19)
대전	동, 중, 서, 유성 ('20.6.19)	동, 중, 서, 유성, 대덕 ('20.6.19)
부산*	–	해운대, 수영, 동래, 남, 연제 ('20.11.20) 서, 동, 영도, 부산진, 금정, 북, 강서, 사상, 사하 ('20.12.18)
대구*	수성 ('17.9.6)	수성 ('20.11.20) 중, 동, 서, 남, 북, 달서, 달성군 ('20.12.18)
광주		동, 서, 남, 북, 광산 ('20.12.18)
울산*		중,남 ('20.12.18)
경남	창원 의창 ('20.12.18)	창원 성산 ('20.12.18)
경북		포항남, 경산 ('20.12.18)
전남		여수, 순천, 광양 ('20.12.18)
전북		전주 완산, 덕진 ('20.12.18)
세종	세종 ('17.8.3)	세종 ('16.11.3)
충남		천안 동남, 서북, 논산, 공주 ('20.12.18)
충북	–	청주 ('20.6.19)

* 부산: 기장군, 중구 제외 전지역 지정 　* 대구: 달성군 일부 지역 제외 전지역 지정 　* 울산: 동구, 북구, 울주군 제외 전지역 지정

구분		투기과열지구	조정대상지역	비규제지역
LTV	9억 이하	40%	50%	70%
	9억~15억	20%	30%	
	15억 초과	대출불가		

예) 규제지역 내 주택 10억 매입 시 대출한도
투기과열지구: 9억*40%+1억*20% = 3.8억
조정대상지역: 9억*50%+1억*30% = 4.8억

※ 2021년 1월 기준으로, 분양 당시 전매제한이 걸린 투기과열지구와 조정대상지역 중 입주권 거래
　가 가능한 단지는 "(입)"이라고 표시했다.

※ 전매 가능한 날짜는 경기와 인천, 5대 광역시까지만 기재했다.

※ 출판 기준일 이전에 입주년월이 기재된 단지는 '입주 중'이라고 표기했다. 예정 입주년월보다 수개
　월 지난 후라도 잔금을 치르기 전 분양권이나 입주권 상태의 매물이 있다. 또는 매도자가 잔금을 치
　른 후 공실로 파는 매물도 더러 있다. 이러한 매물들은 취득세나 보유세 또는 기존 주택의 비과세 여
　부 때문에 급하게 팔아야 하는 이유도 있다. 입주가 끝났다고 단념하지 말고 급매를 찾아보자.

① 경기

지역	단지명	입주년월	총세대수	전매가능년월
고양 덕양구 토당동	대곡역두산위브	2022년 9월	643세대	2020.06
고양 덕양구 행신동	행신파밀리에트라이하이	2022년 3월	136세대	2020.12.22
고양 일산동구 식사동	일산자이2차	2020년 11월	802세대	입주 중
고양 일산동구 식사동	일산자이3차	2022년 2월	1,333세대	2019.07
고양 일산서구 일산동	e편한세상일산어반스카이	2022년 12월	552세대	2019.01
과천 갈현동	과천푸르지오벨라르테(입)	2022년 10월	504세대	10년 전매제한 (당발 20.07)
과천 별양동	과천자이(입)	2021년 11월	2,099세대	전매제한 (소유권이전등기 전까지)
과천 부림동	과천센트럴파크 푸르지오써밋(입)	2020년 12월	1,317세대	전매제한 (소유권이전등기 전까지)
과천 원문동	과천위버필드(입)	2021년 1월	2,128세대	전매제한 (소유권이전등기 전까지)
광명 광명동	광명에코자이위브(입)	2020년 11월	1,969세대	전매제한 (소유권이전등기 전까지)
광명 광명동	광명푸르지오센트베르(입)	2022년 10월	464세대	전매제한 (소유권이전등기 전까지)
광명 광명동	광명푸르지오포레나(입)	2023년 9월	1,089세대	전매제한 (소유권이전등기 전까지)
광명 철산동	철산센트럴푸르지오(입)	2021년 3월	798세대	전매제한 (소유권이전등기 전까지)
광명 철산동	철산역 롯데캐슬 &SK VIEW 클래스티지(입)	2022년 3월	708세대	전매제한 (소유권이전등기 전까지)
광주 경안동	광주금호리첸시아	2021년 8월	447세대	2019.05
광주 역동	광주역 자연&자이	2021년 11월	1,031세대	4년 전매제한 (당발 19.08)
광주 오포읍	오포더샵센트럴포레	2022년 7월	1,396세대	2020.03
광주 장지동	광주역태전경남아너스빌	2022년 3월	624세대	2020.02
광주 초월읍	쌍용더플래티넘광주	2022년 2월	873세대	2021.01.23
광주 초월읍	광주초월역한라비발디	2023년 4월	1,108세대	2021.02.06

지역	단지명	입주년월	총세대수	전매가능년월
구리 수택동	한양수자인구리역(입)	2021년 7월	162세대	전매제한 (소유권이전등기 전까지)
구리 인창동	구리인창대원칸타빌(입)	2023년 2월	375세대	전매제한 (소유권이전등기 전까지)
군포 금정동	힐스테이트금정역(주)	2022년 3월	843세대	2018.12
군포 대야미동	군포대야미역서해그랑블	2022년 1월	193세대	2020.06
김포 고촌읍	캐슬앤파밀리에시티1단지	2020년 11월	2,255세대	입주 중
김포 구래동	김포한강신도시구래역예미지	2021년 3월	701세대	2018.12
김포 마산동	김포한강신도시동일스위트1단지	2020년 12월	1,021세대	2018.09
김포 마산동	김포한강신도시동일스위트2단지	2020년 12월	711세대	2018.09
김포 통진읍	e편한세상김포로얄하임	2021년 6월	574세대	2019.03
김포 통진읍	e편한세상김포어반베뉴	2022년 9월	544세대	2021.03.08
남양주 가운동	다산해모로	2021년 2월	412세대	2019.02
남양주 금곡동	금곡역디에브스	2020년 11월	96세대	입주 중
남양주 진접읍	남양주더샵퍼스트시티	2021년 11월	1,153세대	2019.10
남양주 진접읍	남양주부평2지구서희스타힐스	2022년 1월	1,266세대	2019.12
남양주 진접읍	진접삼부르네상스더퍼스트	2022년 9월	348세대	2021.01.30
남양주 평내동	e편한세상평내	2022년 6월	1,108세대	2020.03
남양주 호평동	두산알프하임	2021년 1월	2,894세대	2018.02
남양주 화도읍	남양주두산위브트레지움	2020년 9월	1,620세대	입주 중
동두천 생연동	동두천센트레빌	2020년 11월	376세대	입주 중
동두천 송내동	동두천송내S1블록	2021년 8월	160세대	3년 전매제한 (당발 20.06)
부천 범박동	부천일루미스테이트	2023년 2월	2,508세대	2020.03
부천 소사본동	소새울역신일해피트리	2021년 11월	64세대	2020.07
부천 송내동	래미안부천어반비스타	2021년 8월	763세대	2019.06
부천 원미동	이안더부천	2022년 1월	219세대	2019.11
부천 작동	부천동도센트리움까치울숲	2021년 5월	238세대	2020.01
부천 중동	힐스테이트중동	2022년 2월	999세대	2019.02
성남 중원구 금광동	한양수자인성남마크뷰	2021년 2월	711세대	2020.03
성남 중원구 금광동	e편한세상금빛그랑메종	2022년 11월	4,412세대	2020.11
성남 중원구 중앙동	신흥역하늘채랜더스원	2022년 9월	1,999세대	2020.11
수원 권선구 곡반정동	수원하늘채더퍼스트 2단지	2021년 12월	1,833세대	2020.06
수원 권선구 곡반정동	수원하늘채더퍼스트 1단지	2021년 12월	1,403세대	2020.06
수원 권선구 오목천동	쌍용더플래티넘오목천역	2022년 9월	930세대	전매제한 (소유권이전등기 전까지)
수원 장안구 연무동	서광교파크스위첸(입)	2023년 5월	374세대	전매제한 (소유권이전등기 전까지)

지역	단지명	입주년월	총세대수	전매가능년월
수원 장안구 조원동	더샵광교산퍼스트파크(입)	2022년 5월	666세대	전매제한 (소유권이전등기 전까지)
수원 팔달구 고등동	수원역푸르지오자이	2021년 2월	3,427세대	전매제한 (소유권이전등기 전까지)
수원 팔달구 교동	힐스테이트푸르지오수원(입)	2022년 8월	2,587세대	2020.07
수원 팔달구 매교동	매교역푸르지오SK뷰(입)	2022년 7월	3,482세대	2020.08
수원 팔달구 우만동	우만한일베라체 ECO PLUS	2022년 6월	202세대	2020.03
수원 팔달구 인계동	수원인계동문굿모닝힐	2020년 11월	298세대	입주 중
수원 팔달구 인계동	수원센트럴아이파크자이(입)	2023년 7월	3,191세대	전매제한 (소유권이전등기 전까지)
시흥 능곡동	시흥장현제일풍경채센텀	2021년 1월	698세대	2019.04
시흥 월곶동	시흥월곶블루밍더마크	2021년 10월	270세대	2019.09
시흥 장현동	시흥장현제일풍경채에듀	2020년 8월	489세대	2019.04
시흥 장현동	연성역금강펜테리움센트럴파크	2021년 1월	590세대	2019.04
안산 단원구 선부동	e편한세상선부광장	2020년 11월	719세대	입주 중
안산 단원구 원곡동	e편한세상초지역센트럴포레	2021년 8월	1,450세대	2020.06
안산 단원구 원곡동	안산푸르지오브리파크	2023년 4월	588세대	2020.10
안산 상록구 사동	그랑시티자이2차II(아)	2020년 10월	2,872세대	입주 중
안성 공도읍	안성공도우방아이유쉘	2020년 9월	715세대	입주 중
안성 공도읍	이트리니티공도센트럴파크	2023년 4월	680세대	2020.12.02
안양 동안구 비산동	평촌래미안푸르지오(입)	2021년 11월	1,199세대	전매제한 (소유권이전등기 전까지)
안양 동안구 비산동	한양수자인평촌리버뷰(입)	2021년 11월	304세대	전매제한 (소유권이전등기 전까지)
안양 동안구 비산동	비산자이아이파크(입)	2021년 12월	2,505세대	전매제한 (소유권이전등기 전까지)
안양 동안구 비산동	힐스테이트비산파크뷰(입)	2022년 4월	303세대	전매제한 (소유권이전등기 전까지)
안양 동안구 호계동	안양호계두산위브(입)	2021년 12월	719세대	전매제한 (소유권이전등기 전까지)
안양 동안구 호계동	평촌어바인퍼스트(입)	2021년 1월	3,546세대	전매제한 (소유권이전등기 전까지)
안양 동안구 호계동	안양호계신원아침도시	2022년 5월	144세대	전매제한 (소유권이전등기 전까지)
안양 만안구 안양동	안양센트럴헤센	2020년 9월	188세대	입주 중
안양 만안구 안양동	안양씨엘포레자이	2021년 2월	1,280세대	2019.01
안양 만안구 안양동	안양센트럴헤센2차	2021년 3월	132세대	2018.11
안양 만안구 안양동	안양KCC스위첸	2021년 7월	138세대	2019.03
안양 만안구 안양동	안양예술공원두산위브(입)	2022년 7월	558세대	2020.04
안양 만안구 안양동	아르테자이(입)	2022년 8월	724세대	2020.06
양주 장흥면	송추북한산경남아너스빌	2022년 10월	604세대	2020.01
양평 양평읍	양평센트럴파크써밋	2022년 2월	486세대	2020.02
양평 양평읍	양평휴먼빌센트럴시티	2023년 3월	248세대	2021.02.08

지역	단지명	입주년월	총세대수	전매가능년월
양평 양평읍	양평휴먼빌리버파크어반	2023년 3월	420세대	2021.02.04
여주 교동	여주역푸르지오클라테르	2021년 12월	551세대	2020.05
여주 교동	여주역금호어울림베르티스	2022년 8월	605세대	2020.12.25
여주 현암동	여주아이파크	2020년 11월	526세대	입주 중
오산 원동	오산영무파라드	2022년 2월	404세대	2019.06
용인 기흥구 동백동	신동백두산위브더제니스	2021년 6월	1,187세대	2019.01
용인 수지구 성복동	성복역롯데캐슬파크나인2차	2021년 1월	1,094세대	2018.12
용인 수지구 신봉동	수지스카이뷰푸르지오	2022년 6월	363세대	2019.07
용인 처인구 양지면	용인세영리첼	2023년 1월	225세대	2021.01.24
용인 처인구 역북동	용인명지대역서희스타힐스	2023년 3월	1,872세대	2020.07
의왕 오전동	의왕더샵캐슬	2021년 6월	934세대	2019.01
의정부 가능동	의정부더샵파크에비뉴	2021년 7월	396세대	2019.06
의정부 가능동	의정부롯데캐슬골드포레	2023년 1월	326세대	2020.11
의정부 고산동	의정부고산대방노블랜드	2020년 11월	932세대	입주 중
의정부 신곡동	e편한세상추동공원2차	2020년 8월	1,773세대	입주 중
의정부 용현동	탑석센트럴자이	2021년 12월	2,388세대	2019.05
의정부 의정부동	의정부역진산&월드메르디앙	2020년 12월	79세대	입주 중
의정부 의정부동	의정부역센트럴자이&위브캐슬	2022년 7월	2,323세대	2020.03
이천 마장면	이천마장리젠시빌란트더웰	2020년 12월	305세대	입주 중
이천 송정동	이천대원칸타빌2차	2021년 8월	303세대	2019.11
이천 송정동	이천라온프라이빗	2021년 9월	790세대	2019.04
이천 안흥동	이천코아루휴티스1단지	2021년 6월	288세대	2018.05
이천 안흥동	이천코아루휴티스2단지	2021년 6월	144세대	2018.05
이천 안흥동	이천롯데캐슬페라즈스카이	2023년 4월	299세대	2020.01
파주 다율동	운정신도시파크푸르지오	2022년 1월	710세대	2019.12
파주 동패동	e편한세상운정어반프라임	2021년 7월	1,010세대	3년 전매제한 (당발 19.09)
파주 파주읍	파주연풍양우내안애에코하임	2022년 9월	475세대	2020.10
평택 고덕면	고덕리슈빌파크뷰	2021년 11월	730세대	전매제한 (소유권이전등기 전까지)
평택 고덕면	호반써밋	2021년 11월	658세대	전매제한 (소유권이전등기 전까지)
평택 고덕면	고덕하늘채시그니처	2021년 2월	1,884세대	2019.12
평택 동삭동	평택더샵센트럴파크(1블럭)	2020년 11월	2,124세대	입주 중
평택 동삭동	힐스테이트지제역	2020년 12월	1,519세대	입주 중
평택 동삭동	더샵지제역센트럴파크2BL	2020년 8월	3,348세대	입주 중

지역	단지명	입주년월	총세대수	전매가능년월
평택 동삭동	e편한세상지제역	2022년 12월	1,516세대	전매제한 (소유권이전등기 전까지)
평택 용이동	e편한세상비전센터포레	2022년 9월	583세대	전매제한 (소유권이전등기 전까지)
평택 지제동	지제역더샵센터럴시티	2022년 5월	1,999세대	2020.04
평택 팽성읍	더맥심험프리스	2020년 10월	204세대	입주 중
평택 합정동	평택뉴비전엘크루	2021년 10월	1,396세대	2019.09
평택 현덕면	이안평택안중역	2023년 3월	610세대	2021.02.06
포천 소흘읍	포천송우1서희스타힐스	2021년 1월	827세대	2019.03
하남 신장동	하남호반베르디움에듀파크	2021년 8월	999세대	전매제한 (소유권이전등기 전까지)
화성 기안동	화성우방아이유쉘메가시티1단지	2022년 4월	420세대	2019.11
화성 기안동	화성우방아이유쉘메가시티2단지	2022년 4월	737세대	2019.11
화성 남양읍	화성시청역서희스타힐스1단지	2022년 9월	1,131세대	2019.11
화성 남양읍	화성시청역서희스타힐스2단지	2022년 9월	1,005세대	2019.11
화성 남양읍	화성시청역서희스타힐스3단지	2022년 9월	847세대	2019.11
화성 반월동	신동탄포레자이	2023년 2월	1,297세대	2020.11
화성 병점동	병점역아이파크캐슬	2021년 3월	2,666세대	2019.05
화성 봉담읍	봉담2지구중흥S클래스더퍼스트	2022년 6월	784세대	전매제한 (소유권이전등기 전까지)
화성 봉담읍	봉담2지구중흥S클래스더센트럴	2023년 8월	824세대	전매제한 (소유권이전등기 전까지)

② 인천

지역	단지명	입주년월	총세대수	전매가능년월
계양구 서운동	계양효성해링턴플레이스	2021년 2월	1,131세대	2018.10
계양구 작전동	작전역브라운스톤계양스카이	2020년 10월	282세대	2018.10
계양구 작전동	작전역서해그랑블	2020년 11월	280세대	2019.03
계양구 효성동	e편한세상계양더프리미어	2021년 10월	1,561세대	2019.08
남동구 구월동	인천구월지웰시티푸르지오	2020년 12월	376세대	입주 중
남동구 구월동	센트럴시티그랑베르	2021년 3월	97세대	2020.03
남동구 구월동	뷰그리안구월	2022년 1월	120세대	2020.09
남동구 논현동	이안논현오션파크	2023년 11월	294세대	2020.12.10
도화동	인천더샵스카이타워(8-5블록)	2020년 11월	588세대	입주 중
도화동	인천더샵스카이타워(8-7블록)	2020년 11월	1,309세대	입주 중
도화동	인천도화금강펜테리움센트럴파크	2020년 11월	479세대	입주 중
동구 송림동	인천송림파인앤유	2020년 12월	232세대	입주 중

지역	단지명	입주년월	총세대수	전매가능년월
동구 송림동	인천LH브리즈힐	2021년 6월	920세대	전매제한 3년 (당발 20.05)
미추홀구 도화동	주안역미추홀더리브	2023년 9월	345세대	전매제한(소유권이전등기 전까지)
미추홀구 숭의동	도원역서희스타힐스크루즈시티	2022년 4월	992세대	2019.03
미추홀구 용현동	인천용현경남아너스빌	2023년 3월	303세대	전매제한(소유권이전등기 전까지)
미추홀구 주안동	주안파크자이더플래티넘	2023년 2월	2,054세대	2021.01.16
미추홀구 주안동	힐스테이트푸르지오주안	2023년 6월	1,915세대	2020.06
미추홀구 학익동	힐스테이트학익	2021년 6월	616세대	2019.01
미추홀구 학익동	미추홀트루엘파크	2022년 6월	328세대	2020.06
서구 가정동	루원시티SK리더스뷰	2022년 1월	2,378세대	2019.11
서구 가좌동	가재울역트루엘에코시티	2023년 8월	1,218세대	2021.01.09
서구 경서동	북청라하우스토리(경서2구역)	2022년 2월	430세대	2020.12.25
서구 당하동	검단신도시유승한내들에듀파크	2021년 9월	938세대	2019.11
서구 원당동	검단신도시호반베르디움	2021년 6월	1,168세대	2019.11
서구 원당동	검단금호어울림센트럴(AB14BL)	2021년 7월	1,452세대	2019.11
부평구 갈산동	부평지웰에스테이트	2021년 6월	151세대	2019.08
부평구 부개동	부평코오롱하늘채	2020년 12월	875세대	입주 중
부평구 부개동	부개역코오롱하늘채	2021년 8월	499세대	2019.11
부평구 부개동	부평SKVIEW해모로	2022년 12월	1,559세대	2019.12.16
부평구 부개동	e편한세상부평역어반루체	2022년 5월	375세대	2020.06
부평구 부평동	부평역화성파크드림	2020년 11월	541세대	입주 중
부평구 부평동	부평역한라비발디트레비앙	2022년 12월	96세대	2020.10
부평구 부평동	부평중앙하이츠프리미어	2022년 12월	413세대	2020.11
부평구 부평동	인천부평우미린	2023년 7월	438세대	2020.12.30
부평구 산곡동	부평아이파크	2020년 10월	256세대	입주 중
부평구 산곡동	쌍용더플래티넘부평	2021년 12월	635세대	2019.07
부평구 산곡동	부평두산위브더파크	2022년 11월	758세대	2020.06
부평구 산곡동	부평신일해피트리더루츠	2022년 7월	1,059세대	2020.04
부평구 삼산동	부평삼산신원아침도시	2022년 11월	346세대	2020.12.18
부평구 삼산동	브라운스톤부평	2023년 1월	686세대	전매제한(소유권이전등기 전까지)
부평구 십정동	서희스타힐스부평센트럴	2021년 4월	571세대	2019.04
부평구 십정동	힐스테이트부평	2023년 6월	1,338세대	2020.09
연수구 송도동	송도SK뷰센트럴	2020년 10월	299세대	입주 중
연수구 송도동	송도더샵프라임뷰(송도F25-1BL)	2021년 11월	164세대	2020.03

지역	단지명	입주년월	총세대수	전매가능년월
연수구 송도동	송도더샵프라임뷰(F20-1BL)	2022년 8월	662세대	2020.03
연수구 송도동	힐스테이트레이크송도3차	2023년 10월	1,100세대	2021.01.02
연수구 송도동	송도더샵센트럴파크3차	2023년 1월	351세대	2020.03
연수구 송도동	호반써밋송도	2023년 2월	1,820세대	2019.10
연수구 송도동	더샵송도센터니얼	2023년 5월	342세대	2020.12.10
연수구 송도동	송도국제도시디엠시티시그니처뷰	2023년 7월	578세대	2020.04
연수구 송도동	힐스테이트송도더스카이	2024년 2월	1,205세대	2020.09
주안동	주안역센트레빌	2021년 7월	1,412세대	2019.05
주안동	주안역신일해피트리	2021년 9월	244세대	2020.01
주안동	주안캐슬앤더샵에듀포레	2022년 7월	1,837세대	2019.12
주안동	인천미추홀꿈에그린	2022년 8월	864세대	2019.11
중구 신흥동	인천유림노르웨이숲에듀오션	2023년 4월	520세대	2020.06
중구 운남동	운서2차SK뷰스카이시티	2022년 8월	909세대	전매제한(소유권이전등기 전까지)
중구 운서동	운서SK뷰스카이시티	2022년 1월	1,153세대	전매제한(소유권이전등기 전까지)
중구 운서동	운서역반도유보라	2022년 2월	450세대	전매제한(소유권이전등기 전까지)
중구 중산동	영송하늘노시롱원토알듀크	2021년 2일	420세대	전매제한(소유권이전등기 전까지)
중구 중산동	호반써밋스카이센트럴	2022년 7월	438세대	전매제한(소유권이전등기 전까지)

③ 부산

지역	단지명	입주년월	총세대수	전매가능년월	비고
금정구 부곡동	부산대역삼한골든뷰에듀스테이션	2021년 7월	610세대	2018.05	
금정구 청룡동	오펠리움	2022년 5월	114세대	2021.01.31	
기장 기장읍	부산기장A2블록신혼희망타운	2022년 8월	486세대	2020.12.23	신혼희망타운, 입주자로 선정된 날(2019.12.23)부터 1년 동안 전매 금지
기장 일광면	일광신도시대성베르힐	2020년 10월	518세대	입주 중	
기장 일광면	일광신도시비스타동원2차	2020년 12월	917세대	입주 중	
남구 감만동	감만우성스마트시티뷰	2023년 4월	224세대	2021.01.21	
남구 대연동	대연삼정그린코아더베스트	2022년 10월	337세대	2020.09	
남구 대연동	대연푸르지오클라센트	2023년 9월	999세대	2021.02.11	
남구 문현동	부산대연마루양우내안애퍼스트	2022년 2월	560세대	2019.03	조정지역 해제되면서 전매 가능
남구 문현동	부산오션파라곤	2022년 9월	662세대	2019.11	

지역	단지명	입주년월	총세대수	전매가능년월	비고
남구 용호동	데시앙해링턴플레이스파크시티	2022년 12월	1,638세대	2020.05	
남구 우암동	이안오션파크W	2022년 4월	155세대	2020.07	
남구 우암동	e편한세상북항마린브릿지	2023년 4월	2,812세대	2020.07	
동구 범일동	두산위브더제니스하버시티	2023년 5월	2,040세대	2019.12	
동구 좌천동	부산항일동미라주더오션2지구	2022년 1월	204세대	2019.04	
동구 좌천동	부산항일동미라주더오션1지구	2022년 1월	342세대	2019.04	
동구 초량동	초량베스티움센트럴베이	2021년 2월	425세대	2019.12	
동래구 명륜동	동래롯데캐슬퀸	2020년 12월	210세대	입주 중	
동래구 명륜동	힐스테이트명륜2차	2022년 5월	874세대	2019.11	조정지역 해제되면서 전매 가능
동래구 수안동	경동리인타워2차	2020년 12월	176세대	입주 중	
동래구 온천동	동래3차SK뷰	2021년 12월	999세대	2019.11	조정지역 해제되면서 전매 가능
동래구 온천동	동래래미안아이파크	2021년 12월	3,653세대	2019.11	조정지역 해제되면서 전매 가능
동래구 온천동	동래더샵	2023년 1월	603세대	2019.11	조정지역 해제되면서 전매 가능
동래구 온천동	더샵온천헤리티지	2023년 7월	179세대	2020.07	
동래구 온천동	이안동래센트럴시티	2023년 9월	257세대	2021.01.03	
부산진구 가야동	가야롯데캐슬골드아너	2022년 9월	851세대	2020.01	
부산진구 개금동	이진젠시티	2023년 1월	736세대	2019.04	
부산진구 범천동	서면스위트엠골드에비뉴	2022년 2월	225세대	2020.09	
부산진구 범천동	e편한세상서면더센트럴	2022년 6월	998세대	2020.04	
부산진구 부암동	서면지원더뷰파크	2021년 8월	216세대	2019.10	
부산진구 부암동	시민공원삼정그린코아더베스트	2022년 12월	450세대	2020.05	
부산진구 부전동	서면롯데캐슬엘루체	2023년 9월	450세대	2020.06	
부산진구 양정동	양정포레힐즈스위첸	2023년 8월	1,262세대	2020.11	
부산진구 연지동	래미안어반파크	2022년 9월	2,484세대	2020.01	
부산진구 전포동	서면아이파크1단지	2020년 10월	1,862세대	입주 중	
부산진구 전포동	서면아이파크2단지	2020년 10월	173세대	입주 중	
부산진구 전포동	e편한세상시민공원1단지	2022년 9월	1,286세대	2019.12	
북구 구포동	신구포반도유보라	2021년 7월	746세대	2019.02	
북구 덕천동	포레나부산덕천	2022년 8월	636세대	2020.09	
북구 만덕동	e편한세상금정산	2021년 4월	1,216세대	2019.04	
북구 만덕동	신만덕베스티움에코포레	2022년 4월	593세대	2019.10	

지역	단지명	입주년월	총세대수	전매가능년월	비고
북구 화명동	화명센트럴푸르지오	2021년 3월	841세대	2019.12	
북구 화명동	화명신도시3차비스타동원	2022년 7월	322세대	2020.04	
사상구 괘법동	사상서희스타힐스	2022년 7월	1,121세대		
사상구 괘법동	사상역봄여름가을겨울	2023년 2월	150세대	2021.01.30	
사상구 덕포동	사상중흥S-클래스그랜드센트럴	2023년 7월	1,492세대	2020.10	
사상구 주례동	주례롯데캐슬골드스마트	2022년 11월	948세대	2020.04	
사하구 괴정동	괴정한신더휴	2021년 12월	793세대	2019.04	
사하구 괴정동	사하역비스타동원	2021년 1월	513세대	2018.10	
사하구 괴정동	힐스테이트사하역	2022년 12월	1,314세대	2020.04	
사하구 신평동	사하코오롱하늘채	2022년 1월	969세대	2020.06	
서구 동대신동	동대신역비스타동원	2021년 3월	476세대	2019.01	
서구 서대신동	대신해모로센트럴	2022년 7월	693세대	2020.04	
서구 암남동	힐스테이트이진베이시티	2022년 5월	1,368세대	2018.05	
수영구 광안동	광안자이	2020년 10월	971세대	입주 중	
수영구 광안동	광안에일린의뜰	2021년 3월	225세대	2019.11	조정지역 해제되면서 전매 가능
수영구 광안동	광안비치올리브씨	2021년 6월	175세대		도시형생활주택
수영구 남천동	남천더샵프레스티지	2022년 9월	906세대	2020.03	
연제구 연산동	e편한세상연산더퍼스트	2021년 11월	455세대	2019.05	
연제구 연산동	힐스테이트연산1단지	2021년 11월	342세대	2019.05	
연제구 연산동	힐스테이트연산2단지	2021년 11월	1,224세대	2019.05	
연제구 연산동	연제SK뷰센트럴	2023년 7월	405세대	2021.02.27	
영도구 동삼동	부산오션시티푸르지오	2022년 4월	846세대	2019.11	
영도구 봉래동	봉래에일린의뜰	2021년 4월	1,152세대	2018.10	
영도구 청학동	청학우성스마트시티뷰	2022년 5월	262세대	2020.11	
중구 중앙동	서린엘마르센트로뷰	2021년 2월	120세대	2018.06	
해운대구 반여동	센텀kcc스위첸	2022년 8월	444세대	2020.05	
해운대구 우동	센텀마티안	2022년 2월	199세대	2020.05	
해운대구 우동	해운대센트럴푸르지오	2022년 7월	548세대	2019.11	조정지역 해제되면서 전매 가능
해운대구 중동	해운대경동리인뷰1차	2021년 5월	298세대	2019.11	조정지역 해제되면서 전매 가능
해운대구 중동	쌍용더플래티넘해운대	2022년 2월	152세대	2020.09	

④ 대구

지역	단지명	입주년월	총세대수	전매가능년월
대구 남구 대명동	대명역센트럴리슈빌	2022년 8월	1,051세대	2020.05
대구 남구 대명동	교대역하늘채뉴센트원	2022년 6월	915세대	2020.02
대구 남구 봉덕동	봉덕2차화성파크드림	2022년 12월	403세대	2020.09
대구 남구 봉덕동	앞산비스타동원	2021년 3월	407세대	2019.01
대구 남구 봉덕동	앞산봉덕영무예다음	2020년 10월	586세대	2018.12
대구 남구 이천동	대봉교역태왕아너스	2023년 3월	412세대	2021.02.28
대구 달서구 감삼동	죽전역화성파크드림	2022년 10월	144세대	2020.04
대구 달서구 감삼동	해링턴플레이스감삼	2023년 5월	200세대	2019.03
대구 달서구 감삼동	해링턴플레이스감삼2	2024년 5월	200세대	2021.02.19
대구 달서구 감삼동	죽전역코아루더리브	2023년 11월	274세대	2020.03
대구 달서구 감삼동	힐스테이트감삼	2022년 9월	391세대	2019.12
대구 달서구 감삼동	죽전역동화아이위시	2022년 7월	392세대	2019.07
대구 달서구 감삼동	빌리브스카이	2022년 8월	504세대	2019.08
대구 달서구 대천동	월배삼정그린코아포레스트	2021년 11월	1,533세대	2019.05
대구 달서구 대천동	월배삼정그린코아카운티	2022년 4월	202세대	2020.02
대구 달서구 두류동	두류센트레빌더시티	2022년 12월	333세대	2020.12.03
대구 달서구 두류동	두류파크KCC스위첸	2022년 11월	541세대	2020.07
대구 달서구 두류동	빌리브파크뷰	2023년 6월	92세대	2021.02.19
대구 달서구 본동	달서코아루더리브	2023년 5월	162세대	2020.07
대구 달서구 본동	빌리브클라쎄	2023년 7월	235세대	2020.06
대구 달서구 본리동	죽전역태왕아너스	2024년 1월	230세대	2021.01.29
대구 달서구 본리동	뉴센트럴두산위브더제니스	2024년 2월	316세대	2020.10
대구 달서구 성당동	성당태왕아너스메트로	2022년 6월	222세대	2019.10
대구 달서구 용산동	대구용산자이	2024년 2월	429세대	2020.12
대구 달서구 월성동	월성삼정그린코아포레스트	2022년 5월	1,392세대	2020.01
대구 달서구 장기동	장기인터불고라비다	2021년 4월	148세대	2018.05
대구 달서구 죽전동	빌리브메트로뷰	2023년 6월	176세대	2020.01
대구 달서구 진천동	월배라온프라이빗디엘	2024년 11월	555세대	2020.11
대구 달서구 진천동	진천역라온프라이빗센텀	2022년 7월	585세대	2019.04
대구 달성 구지면	대구국가산단모아미래도에듀퍼스트	2021년 8월	704세대	2019.08
대구 달성 구지면	대구국가산단반도유보라아이비파크3.0	2020년 11월	775세대	입주 중
대구 달성 구지면	대구국가산단대방노블랜드	2021년 7월	881세대	2019.10

지역	단지명	입주년월	총세대수	전매가능년월
대구 달성 구지면	대구국가산단영무예다움	2020년 12월	934세대	입주 중
대구 달성 다사읍	다사역삼정그린코아더베스트	2021년 8월	464세대	2019.03
대구 달성 다사읍	힐스테이트다사역	2022년 5월	674세대	2019.12
대구 달성 다사읍	메가시티태왕아너스	2022년 3월	857세대	2019.05
대구 달성 다사읍	다사역금호어울림센트럴	2023년 3월	869세대	2020.11
대구 달성 화원읍	설화명곡역우방아이유쉘	2023년 4월	320세대	2020.12.23
대구 달성 화원읍	화원파크뷰우방아이유쉘	2022년 9월	538세대	2020.01
대구 달성 화원읍	화원신일해피트리꿈의숲	2022년 8월	553세대	2021.03.01
대구 동구 괴전동	대구안심역삼정그린코아더베스트	2021년 11월	555세대	2019.03
대구 동구 방촌동	방촌역태양아너스	2021년 3월	214세대	2019.08
대구 동구 방촌동	방촌역세영리첼	2021년 6월	403세대	2019.10
대구 동구 신암동	동대구해모로스퀘어웨스트	2023년 4월	1,064세대	2021.01.28
대구 동구 신암동	동대구에일린의뜰	2021년 10월	705세대	2019.07
대구 동구 신암동	동대구해모로스퀘어이스트	2023년 2월	876세대	2020.12.11
대구 동구 신암동	이안센트럴D	2021년 9월	999세대	2019.07
대구 동구 신천동	더샵디어엘로	2024년 4월	1,190세대	2021.02.14
대구 동구 신천동	동대구동화아이위시	2023년 12월	144세대	2021.01.21
대구 동구 신천동	동대구역우방아이유쉘	2022년 3월	322세대	2019.07
대구 동구 신천동	동대구역더샵센터시티	2022년 5월	445세대	2019.12
대구 동구 신천동	동대구비스타동원	2021년 11월	524세대	2019.08
대구 동구 신천동	신천센트럴자이	2022년 8월	553세대	2020.02
대구 동구 지묘동	연경지구LH뉴웰시티	2021년 2월	1,024세대	2019.11
대구 동구 효목동	동대구2차 비스타동원	2023년 3월	627세대	2021.02.04
대구 북구 고성동	대구오페라스위첸	2024년 4월	854세대	2021.02.28
대구 북구 고성동	힐스테이트대구역오페라	2024년 2월	937세대	2020.11.26
대구 북구 고성동	대구역오페라더블유	2023년 5월	989세대	2020.05
대구 북구 국우동	힐스테이트데시앙도남(C3BL)	2021년 11월	556세대	2020.06
대구 북구 국우동	힐스테이트데시앙도남(C4BL)	2021년 11월	585세대	2020.06
대구 북구 국우동	힐스테이트데시앙도남(C1BL)	2021년 11월	619세대	2020.06
대구 북구 국우동	힐스테이트데시앙도남(C2BL)	2021년 11월	658세대	2020.06
대구 북구 복현동	복현아이파크(201-3)	2021년 3월	585세대	2019.06
대구 북구 읍내동	강북태왕아너스더퍼스트	2021년 8월	234세대	2019.10
대구 북구 칠성동	대구역한라하우젠트센텀	2021년 12월	256세대	2019.02
대구 북구 태전동	태전역광신프로그레스	2023년 5월	532세대	2021.02.12

지역	단지명	입주년월	총세대수	전매가능년월
대구 서구 내당동	e편한세상두류역	2022년 6월	902세대	2020.01
대구 서구 평리동	서대구KTX영무예다음	2023년 3월	1,347세대	2020.06
대구 서구 평리동	서대구역서한이다음더퍼스트	2023년 4월	742세대	2021.02.25
대구 수성구 노변동	수성알파시티청아람	2021년 6월	582세대	전매불가
대구 수성구 두산동	수성레이크푸르지오	2022년 8월	332세대	전매불가
대구 수성구 만촌동	만촌역서한포레스트	2022년 11월	102세대	전매불가
대구 수성구 만촌동	해링턴플레이스만촌	2023년 1월	152세대	전매불가
대구 수성구 범물동	수성범물코오롱하늘채	2020년 10월	709세대	전매불가
대구 수성구 범어동	쌍용더플래티넘범어	2023년 7월	207세대	전매불가
대구 수성구 범어동	힐스테이트범어센트럴	2022년 1월	343세대	전매불가
대구 수성구 범어동	힐스테이트범어	2020년 12월	414세대	전매불가
대구 수성구 범어동	수성범어에일린의뜰	2021년 5월	719세대	전매불가
대구 수성구 중동	수성뷰웰리버파크	2022년 10월	266세대	전매불가
대구 수성구 중동	수성데시앙리버뷰	2022년 3월	278세대	전매불가
대구 수성구 중동	대구수성골드클래스	2021년 12월	588세대	전매불가
대구 수성구 황금동	힐스테이트황금센트럴	2022년 3월	750세대	전매불가
대구 중구 남산동	남산자이하늘채	2022년 3월	1,296세대	2019.07
대구 중구 남산동	반월당역서한포레스트	2022년 11월	375세대	2020.09
대구 중구 남산동	남산롯데캐슬센트럴스카이	2021년 9월	937세대	2019.02
대구 중구 남산동	청라힐스자이	2023년 1월	947세대	2020.09
대구 중구 달성동	달성파크푸르지오힐스테이트	2023년 6월	1,502세대	2021.02.11
대구 중구 대봉동	대봉서한포레스트	2022년 9월	469세대	2020.06
대구 중구 대봉동	대봉더샵센트럴파크2차	2022년 3월	558세대	2020.05
대구 중구 대봉동	대봉더샵센트럴파크1차	2022년 3월	724세대	2020.04
대구 중구 대신동	청라힐지웰더센트로	2023년 10월	159세대	2021.02.19
대구 중구 도원동	힐스테이트도원센트럴	2024년 2월	894세대	2020.10
대구 중구 동산동	청라언덕역서한포레스트	2022년 10월	302세대	2020.03
대구 중구 동인동	힐스테이트동인센트럴	2024년 4월	304세대	2020.11
대구 중구 삼덕동	빌리브프리미어	2023년 8월	200세대	2020.07
대구 중구 수창동	대구역제일풍경채위너스카이	2023년 9월	604세대	2020.06
대구 중구 태평로	대구역경남센트로팰리스	2022년 7월	144세대	2019.11
대구 중구 태평로	힐스테이트대구역	2023년 10월	714세대	2020.06

⑤ 대전

지역	단지명	입주년월	총세대수	전매가능년월
대전 유성구 가정동	도룡포레미소지움	2020년 8월	232세대	입주 중
대전 대덕구 법동	대전법동e편한세상	2020년 9월	1,503세대	입주 중
대전 동구 용운동	e편한세상대전에코포레	2020년 12월	2,267세대	입주 중
대전 서구 도안동	갑천3블록 트리풀시티	2021년 11월	1,762세대	2019.08
대전 대덕구 신탄진동	동일스위트리버스카이	2021년 11월	1,757세대	2019.05
대전 유성구 복용동	대전아이파크시티1단지	2021년 11월	868세대	2019.05
대전 유성구 복용동	대전아이파크시티2단지	2021년 11월	1,092세대	2019.05
대전 중구 오류동	서대전역코아루써밋	2021년 4월	154세대	2018.07
대전 중구 중촌동	중촌푸르지오센터파크	2022년 3월	820세대	2019.12
대전 유성구 봉산동	유성대광로제비앙	2022년 3월	816세대	2020.03
대전 동구 신흥동	신흥SK뷰	2022년 4월	1,499세대	2020.04
대전 중구 목동	목동더샵리슈빌	2022년 5월	993세대	2020.04
대전 서구 도마동	도마e편한세상포레나	2022년 9월	1,881세대	2020.05
대전 동구 홍도동	홍도동다우갤러리휴리움	2023년 1월	419세대	2020.11

⑥ 울산

지역	단지명	입주년월	총세대수	전매가능년월
울산 남구 신정동	울산문수로두산위브더제니스	2022년 4월	256세대	2019.01
울산 남구 신정동	문수로동문굿모닝힐	2022년 8월	166세대	2020.05
울산 남구 야음동	울산대현시티프라디움	2022년 11월	216세대	2021.02.10
울산 남구 야음동	더샵번영센트로	2023년 6월	632세대	2021.02.28
울산 동구 서부동	울산지웰시티자이1단지	2023년 5월	1,371세대	2020.12.02
울산 동구 서부동	울산지웰시티자이2단지	2023년 5월	1,316세대	2020.12.03
울산 동구 전하동	KCC스위첸웰츠타워 1단지	2022년 2월	255세대	2020.04
울산 동구 전하동	KCC스위첸웰츠타워 2단지	2023년 4월	380세대	2020.04
울산 북구 매곡동	중산매곡에일린의뜰	2021년 10월	214세대	2020.04
울산 북구 중산동	오토밸리한양립스포레스트	2022년 12월	376세대	2021.02.12
울산 중구 우정동	태화강유보라팰라티움	2023년 10월	455세대	2021.01.31

⑦ 광주

지역	단지명	입주년월	총세대수	전매가능년월
광주 광산구 산정동	어등산한양수자인테라스플러스	2021년 8월	592세대	2019.12
광주 광산구 소촌동	힐스테이트광산	2022년 8월	428세대	2021.01.07
광주 광산구 신가동	모아엘가더수완	2022년 5월	567세대	2020.01
광주 광산구 우산동	우산동센트레빌(주)	2020년 2월	209세대	입주완료
광주 광산구 우산동	무진로진아리채리버뷰	2022년 2월	558세대	2020.01
광주 광산구 우산동	광산쌍용예가플래티넘	2020년 12월	764세대	입주 중
광주 광산구 흑석동	수완센트럴시티서희스타힐스	2021년 8월	427세대	2019.07
광주 남구 백운동	광주백운코아루아팰리스힐	2020년 11월	197세대	입주 중
광주 남구 압촌동	남구도시첨단D2블록 제일풍경채	2022년 5월	533세대	2020.12.27
광주 남구 월산동	광주남구반도유보라	2021년 9월	807세대	2019.07
광주 남구 주월동	남구주월골드클래스어반시티	2021년 4월	426세대	2018.05
광주 남구 주월동	주월양우내안애	2021년 3월	594세대	2019.02
광주 동구 계림동	광주계림아이파크SK뷰	2022년 7월	1,715세대	2020.06
광주 동구 계림동	광주그랜드센트럴	2020년 9월	2,126세대	입주 중
광주 동구 계림동	광주계림3차두산위브	2021년 4월	748세대	2019.04
광주 동구 산수동	무등산명지로드힐	2021년 5월	270세대	2021.02.27 - 후분양
광주 동구 소태동	무등산골드클래스2차	2022년 5월	700세대	2020.02
광주 북구 각화동	각화동센트럴파크서희스타힐스	2020년 12월	888세대	입주 중
광주 북구 동림동	동림2차우방아이유쉘	2023년 5월	200세대	2020.12.05
광주 북구 동림동	운암산대광로제비앙	2020년 2월	506세대	입주완료
광주 북구 문흥동	더샵광주포레스트	2023년 7월	907세대	2020.12.18
광주 북구 용봉동	한국아델리움비엔날레2차	2021년 4월	56세대	2019.11
광주 북구 우산동	무등산자이&어울림 1단지	2022년 9월	1,505세대	2020.05
광주 북구 우산동	무등산자이&어울림 2단지	2022년 9월	139세대	2020.05
광주 북구 운암동	중외공원모아미래도	2022년 6월	508세대	2020.02
광주 북구 유동	금남로대광로제비앙	2022년 2월	519세대	2019.05
광주 북구 임동	중흥S-클래스고운라피네	2021년 6월	598세대	2019.06
광주 북구 중흥동	제일풍경채센트럴파크	2022년 2월	1,400세대	2020.01
광주 서구 광천동	광주호반써밋플레이스	2020년 1월	246세대	입주완료
광주 서구 농성동	빌리브트레비체	2022년 10월	122세대	2019.12
광주 서구 쌍촌동	광천모아엘가	2021년 8월	244세대	2019.01

광주 서구 치평동	상무지구영무예다음	2020년 9월	220세대	입주완료
광주 서구 화정동	염주더샵센트럴파크	2022년 7월	1,976세대	2020.04
광주 서구 화정동	광주화정골드클래스	2022년 9월	243세대	2020.02
광주 서구 화정동	광주화정아이파크2단지	2022년 11월	316세대	2019.12
광주 서구 화정동	광주화정아이파크1단지	2022년 11월	389세대	2019.12

⑧ 강원

지역	단지명	입주년월	총세대수
강원 강릉 내곡동	강릉블루밍더베스트	2022년 6월	238세대
강원 강릉 유천동	강릉유천유승한내들더퍼스트	2021년 7월	788세대
강원 강릉 주문진읍	주문진서희스타힐스	2021년 1월	201세대
강원 강릉 주문진읍	주문진벽산블루밍오션힐스	2021년 3월	113세대
강원 강릉 주문진읍	주문진삼부르네상스	2021년 8월	214세대
강원 고성 간성읍	간성스위트엠센트럴	2021년 10월	267세대
강원 고성 토성면	고성봉포코아루오션비치	2021년 2월	370세대
강원 고성 토성면	고성전진한신더휴오션프레스티지	2021년 4월	479세대
강원 동해 천곡동	이안동해센트럴	2021년 5월	247세대
강원 삼척 갈천동	일성트루엘시그니처	2022년 1월	885세대
강원 속초 교동	속초미소지움더뷰	2021년 3월	368세대
강원 속초 동명동	속초롯데캐슬인더스카이	2023년 2월	568세대
강원 속초 동명동	속초디오션자이	2023년 8월	454세대
강원 속초 조양동	속초양우내안애오션스카이	2021년 3월	320세대
강원 속초 조양동	속초서희스타힐스더베이2차	2021년 9월	186세대
강원 속초 조양동	속초2차아이파크	2022년 5월	578세대
강원 속초 중앙동	힐스테이트속초센트럴	2021년 11월	256세대
강원 양양 양양읍	청곡더파크뷰	2022년 3월	128세대
강원 영월 영월읍	영월코아루다미아	2021년 1월	279세대
강원 영월 영월읍	극동스타클래스영월	2021년 7월	292세대
강원 원주 명륜동	원주더샵센트럴파크2단지	2022년 1월	838세대
강원 원주 명륜동	원주더샵센트럴파크3단지	2022년 6월	687세대
강원 원주 무실동	원주더샵센트럴파크1단지	2021년 11월	936세대
강원 원주 무실동	원주더샵센트럴파크4단지	2022년 6월	195세대
강원 원주 반곡동	원주혁신도시제일풍경채센텀포레	2023년 2월	1,215세대

지역	단지명	입주년월	총세대수
강원 춘천 삼천동	춘천파크자이	2020년 9월	965세대
강원 춘천 약사동	약사지구모아엘가센텀뷰	2021년 9월	567세대
강원 춘천 약사동	춘천롯데캐슬위너클래스	2022년 7월	829세대
강원 춘천 온의동	춘천센트럴파크푸르지오	2021년 9월	1,556세대
강원 춘천 온의동	춘천센트럴타워푸르지오	2022년 3월	1,175세대
강원 춘천 우두동	춘천우두 B2	2020년 9월	979세대
강원 춘천 우두동	춘천우두지구이지더원	2021년 12월	916세대
강원 횡성 횡성읍	횡성코아루하우스토리	2021년 4월	374세대

⑨ 충북

지역	단지명	입주년월	총세대수
충북 옥천 옥천읍	옥천계룡리슈빌	2021년 2월	284세대
충북 음성 금왕읍	금왕우신리온더클래스	2021년 3월	1,664세대
충북 음성 음성유	음성쿠아루	2022년 5월	197세대
충북 증평 증평읍	증평코아루휴티스	2021년 12월	770세대
충북 진천 광혜원면	광혜원지안스로가	2020년 9월	315세대
충북 청주 상당구 방서동	동남지구우미린풀하우스	2020년 9월	1,016세대
충북 청주 상당구 북문로	청주행정타운코아루휴티스	2020년 12월	530세대
충북 청주 상당구 용암동	청주동남지구우미린에듀포레	2022년 1월	489세대
충북 청주 상당구 운동동	동남힐데스하임더와이드	2020년 10월	910세대
충북 청주 상당구 운동동	청주동남파라곤	2022년 8월	562세대
충북 청주 상당구 탑동	탑동힐데스하임	2022년 11월	1,105세대
충북 청주 서원구 모충동	청주모충LH트릴로채	2021년 11월	1,280세대
충북 청주 서원구 수곡동	청주더샵퍼스트파크	2021년 3월	1,112세대
충북 청주 청원구 내덕동	청주힐즈파크푸르지오	2020년 11월	777세대
충북 청주 청원구 율량동	율량금호어울림센트로	2022년 1월	748세대
충북 청주 흥덕구 가경동	청주가경자이	2020년 11월	992세대
충북 청주 흥덕구 가경동	청주가경아이파크3단지	2021년 5월	983세대
충북 청주 흥덕구 가경동	청주가경아이파크4단지	2022년 3월	201세대
충북 청주 흥덕구 문암동	청주테크노폴리스지웰푸르지오	2022년 5월	1,148세대

⑩ 충남

지역	단지명	입주년월	총세대수
충남 계룡 두마면	계룡푸르지오더퍼스트	2022년 8월	883세대
충남 계룡 두마면	계룡한라비발디더센트럴	2023년 3월	905세대
충남 금산 금산읍	e편한세상금산센터하임	2022년 5월	461세대
충남 논산 취암동	논산골든타워	2021년 9월	202세대
충남 당진 대덕동	당진대덕수청시티프라디움	2020년 12월	370세대
충남 당진 대덕동	대덕수청시티프라디움2차	2021년 3월	604세대
충남 당진 송산면	해링턴플레이스에듀타운	2022년 8월	671세대
충남 당진 송악읍	당진송악경남아너스빌	2021년 4월	381세대
충남 당진 수청동	당진수청한라비발디캠퍼스	2020년 11월	839세대
충남 당진 수청동	호반써밋시그니처	2022년 12월	1,084세대
충남 당진 우강면	합덕우강유탑유블레스	2021년 10월	381세대
충남 당진 읍내동	당진아이파크	2022년 4월	426세대
충남 서산 예천동	서산예천2지구중흥S-클래스	2021년 2월	1,273세대
충남 서산 예천동	센텀파크뷰서희	2021년 6월	653세대
충남 서산 예천동	서산푸르지오더센트럴	2022년 12월	861세대
충남 아산 모종동	모종2차삼일파라뷰센트럴	2022년 11월	352세대
충남 아산 모종동	모종금호어울림아이퍼스트	2022년 2월	463세대
충남 아산 배방읍	아산배방우방아이유쉘2단지	2021년 5월	1,267세대
충남 아산 배방읍	아산배방2차우방아이유쉘1단지	2022년 1월	519세대
충남 아산 탕정면	탕정지구시티프라디움	2021년 8월	746세대
충남 아산 탕정면	아산탕정2-A2블록신혼희망타운	2022년 12월	1,062세대
충남 아산 탕정면	탕정지구지웰시티푸르지오(2-C1BL)	2022년 1월	669세대
충남 아산 탕정면	탕정지구지웰시티푸르지오(2-C2BL)	2022년 1월	852세대
충남 아산 탕정면	탕정지구지웰시티푸르지오2차	2022년 5월	685세대
충남 천안 동남구 문화동	힐스테이트천안	2021년 3월	451세대
충남 천안 동남구 문화동	신천안한성필하우스에듀타운1단지	2022년 4월	1,532세대
충남 천안 동남구 원성동	신천안한성필하우스에듀타운2단지	2022년 4월	154세대
충남 천안 동남구 청당동	천안청당서희스타힐스	2022년 12월	741세대
충남 천안 동남구 청당동	행정타운센트럴두산위브	2023년 2월	655세대
충남 천안 동남구 청수동	청수행정타운금호어울림	2023년 1월	267세대
충남 천안 서북구 두정동	포레나천안두정	2022년 3월	1,067세대

지역	단지명	입주년월	총세대수
충남 천안 서북구 성성동	천안푸르지오레이크사이드	2023년 5월	1,023세대
충남 천안 서북구 와촌동	천안역사동아라이크텐	2021년 4월	992세대

⑪ 전북

지역	단지명	입주년월	총세대수
전북 김제 신풍동	오투그란데김제신풍동	2021년 2월	154세대
전북 부안 부안읍	부안오투그란데2차하이스트	2022년 5월	237세대
전북 산 나운동	나운금호어울림센트럴	2022년 9월	392세대
전북 산 조촌동	디오션시티더샵	2021년 11월	973세대
전북 완주 삼례읍	완주삼봉 A-2블록 신혼희망타운	2022년 6월	820세대
전북 익산 마동	익산마동코아루디펠리체	2020년 9월	223세대
전북 익산 마동	익산오투그란데글로벌카운티	2022년 2월	197세대
전북 익산 모현동	모현오투그란데프리미어	2021년 7월	338세대
전북 익산 모현동	배산신일해피트리	2021년 9월	123세대
전북 익산 부송동	익산부송한화꿈에그린	2021년 5월	482세대
전북 익산 송학동	익산송학동크레지움캐슬	2022년 11월	294세대
전북 전주 덕진구 송천동	전주에코시티데시앙(14BL)	2021년 10월	878세대
전북 전주 덕진구 송천동	포레나전주에코시티	2023년 4월	614세대
전북 전주 덕진구 우아동	KTX전주역클래시아더스카이	2021년 2월	323세대
전북 전주 덕진구 우아동	전주우아한시티	2021년 9월	998세대
전북 전주 덕진구 인후동	인후더샵	2020년 9월	478세대
전북 전주 완산구 서완산동	서완산골드클래스	2021년 6월	248세대
전북 전주 완산구 태평동	전주태평아이파크	2022년 5월	1,319세대
전북 전주 완산구 효자동	힐스테이트어울림효자	2022년 6월	1,181세대
전북 정읍 상동	상동1차영무예다음	2023년 6월	386세대

⑫ 전남

지역	단지명	입주년월	총세대수
전남 고흥 고흥읍	고흥승원팰리체더퍼스트	2022년 3월	220세대
전남 광양 마동	광양스위트엠르네상스	2021년 7월	339세대

지역	단지명	입주년월	총세대수
전남 광양 마동	중마영무예다음	2022년 5월	553세대
전남 광양 마동	광양동문굿굿모닝힐맘시티	2023년 1월	1,114세대
전남 광양 성황동	광양푸르지오더퍼스트	2021년 10월	1,140세대
전남 광양 성황동	광양센트럴자이	2022년 8월	704세대
전남 나주 빛가람동	이노시티애시앙	2020년 9월	1,478세대
전남 담양 수북면	담양양우내안애퍼스트힐1단지	2020년 12월	322세대
전남 담양 수북면	담양양우내안애퍼스트힐2단지	2020년 12월	262세대
전남 목포 달동	신항만뉴캐슬오션시티2차	2021년 11월	348세대
전남 목포 상동	주하우제스카이	2021년 8월	100세대
전남 목포 상동	하당지구중흥-S클래스센텀뷰	2022년 9월	640세대
전남 목포 석현동	목포서희스타힐스	2020년 9월	1,186세대
전남 목포 연산동	백련지구골드클래스9차(백련지구A-1블럭)	2021년 5월	356세대
전남 무안 무안읍	무안센텀시티	2021년 7월	137세대
전남 무안 삼향읍	남악오투그란데테라스	2021년 3월	144세대
전남 무안 삼향읍	남악신도시중흥S 클래스퍼스트뷰	2021년 6월	137세대
전남 무안 일로읍	오룡지구한국아델리움위너스	2021년 2월	310세대
전남 무안 일로읍	남악오룡지구호반베르디움30블록	2021년 2월	364세대
전남 무안 일로읍	남악오룡지구호반베르디움31블록	2021년 2월	359세대
전남 무안 일로읍	남악오룡지구호반베르디움32블록	2021년 2월	665세대
전남 순천 서면	순천금호어울림더파크	2021년 5월	459세대
전남 순천 서면	순천모아엘가리버파크	2022년 1월	322세대
전남 순천 서면	순천금호어울림더파크2차	2022년 4월	349세대
전남 순천 용당동	한양수자인디에스티지	2023년 3월	1,252세대
전남 순천 조례동	순천조례2차골드클래스	2021년 7월	413세대
전남 순천 해룡면	중흥S클래스에듀하이	2020년 11월	183세대
전남 순천 해룡면	순천복성지구한신더휴	2022년 2월	975세대
전남 순천 해룡면	광양만권신대배후단지B1중흥S클래스	2020년 11월	493세대
전남 여수 문수동	여수문수대성베르힐	2020년 10월	722세대
전남 여수 소라면	힐스테이트죽림젠트리스	2021년 11월	989세대
전남 여수 신기동	여수신기휴스티지	2022년 10월	142세대
전남 여수 신기동	신기동대광로제비앙센텀29	2023년 7월	347세대
전남 여수 신월동	경도비전지에이그린웰	2022년 10월	391세대
전남 여수 웅천동	여수웅천마린파크애시앙 1단지	2022년 4월	608세대

지역	단지명	입주년월	총세대수
전남 여수 웅천동	여수웅천마린파크애시앙 2단지	2022년 4월	446세대
전남 영광 영광읍	영광금호어울림리더스	2021년 12월	259세대
전남 장성 장성읍	대흥엘리젠	2020년 12월	116세대
전남 함평 함평읍	함평신도시한국아델리움더퍼스트	2022년 5월	163세대
전남 함평 함평읍	함평백년가	2022년 6월	96세대
전남 화순 화순읍	화순삼일파라뷰에듀시티	2021년 10월	525세대
전남 화순 화순읍	힐스테이트화순	2021년 7월	604세대

⑬ 경북

지역	단지명	입주년월	총세대수
경북 경산 정평동	정평역코오롱하늘채	2020년 12월	904세대
경북 경산 중방동	경산서희스타힐스	2023년 6월	960세대
경북 경산 중산동	중산코오롱하늘채메트로폴리스	2021년 4월	1,184세대
경북 경산 중산동	힐스테이트펜타힐즈	2021년 5월	152세대
경북 경산 진량읍	경산진량선화지구호반베르디움	2020년 11월	549세대
경북 경산 하양읍	경산하양지구A1블럭호반베르디움	2021년 5월	655세대
경북 경산 하양읍	경산하양A-2BL우미린	2021년 6월	737세대
경북 경주 용강동	경주두산위브트레지움	2021년 2월	1,204세대
경북 구미 고아읍	문성레이크자이	2021년 2월	975세대
경북 구미 사곡동	e편한세상금오파크	2020년 10월	1,210세대
경북 문경 모전동	문경모전코아루노블36	2022년 12월	166세대
경북 상주 냉림동	북천코아루하트리움	2020년 11월	211세대
경북 상주 냉림동	상주미소지움더퍼스트	2021년 10월	299세대
경북 상주 무양동	상주무양태왕아너스	2021년 11월	271세대
경북 안동 송현동	안동송현양우내안애	2020년 11월	305세대
경북 영주 가흥동	영주가흥더리브스위트엠	2021년 11월	831세대
경북 영주 가흥동	그린파크	2023년 2월	3,155세대
경북 영천 완산동	e편한세상영천1단지	2021년 3월	587세대
경북 영천 완산동	e편한세상영천2단지	2021년 3월	623세대
경북 칠곡 북삼읍	칠곡북삼서희스타힐스	2020년 9월	999세대

⑭ 경남

지역	단지명	입주년월	총세대수
경남 거제 고현동	e편한세상거제유로아일랜드	2022년 7월	1,049세대
경남 거제 장평동	거제장평꿈에그린	2021년 2월	569세대
경남 김해 내동	연지공원푸르지오	2022년 3월	814세대
경남 김해 무계동	김해장유삼정그린코아더베스트	2021년 1월	360세대
경남 김해 삼계동	김해한라비발디센트럴파크	2020년 11월	396세대
경남 김해 삼계동	김해삼계두곡한라비발디센텀시티	2021년 12월	1,936세대
경남 김해 삼문동	이안센트럴포레장유1단지	2023년 3월	756세대
경남 김해 삼문동	이안센트럴포레장유2단지	2023년 3월	591세대
경남 김해 삼정동	진성	2022년 5월	567세대
경남 김해 안동	김해푸르지오하이엔드	2023년 8월	1,400세대
경남 김해 외동	김해쌍용예가더클래스	2020년 10월	360세대
경남 밀양 내이동	e편한세상밀양나노밸리	2022년 11월	560세대
경남 사천 용강동	사천용강동서희스타힐스	2021년 7월	418세대
경남 양산 덕계동	양산두산위브2차 1단지	2021년 3월	680세대
경남 양산 동면	사송더샵데시앙(B3블럭)	2021년 11월	455세대
경남 양산 동면	사송더샵데시앙(B4블럭)	2021년 11월	523세대
경남 양산 동면	사송더샵데시앙(C1블럭)	2021년 11월	734세대
경남 양산 동면	양산사송A-1블록신혼희망타운	2022년 10월	1,188세대
경남 양산 동면	사송더샵데시앙2차B-5블럭	2023년 1월	477세대
경남 양산 동면	사송더샵데시앙2차B-6블럭	2023년 2월	614세대
경남 양산 동면	사송더샵데시앙2차 B-7블럭	2023년 5월	993세대
경남 양산 물금읍	양산물금한신더휴	2020년 11월	1,042세대
경남 양산 물금읍	양산물금브라운스톤	2022년 6월	843세대
경남 양산 주진동	양산양우내안애파크뷰	2020년 8월	266세대
경남 양산 평산동	양산평산코아루2차	2021년 5월	405세대
경남 진주 강남동	일진스위트포레강남	2021년 11월	115세대
경남 진주 강남동	진주일동미라주	2021년 1월	230세대
경남 진주 충무공동	진주혁신도시중흥S-클래스센트럴시티(C-2BL)	2020년 8월	560세대
경남 진주 충무공동	진주혁신도시중흥S-클래스센트럴시티(C-3BL)	2020년 8월	333세대
경남 진주 충무공동	진주혁신도시중흥S-클래스센트럴시티(C-4BL)	2020년 8월	444세대
경남 진주 충무공동	진주혁신도시중흥S-클래스더퍼스트	2020년 9월	726세대

지역	단지명	입주년월	총세대수
경남 창원 마산회원구	e편한세상창원파크센트럴	2020년 10월	856세대
경남 창원 의창구 동읍	동창원서희스타힐스	2020년 11월	515세대
경남 창원 진해구 남양동	창원진해비전시티우방아이유쉘	2021년 8월	564세대

⑮ 제주

지역	단지명	입주년월	총세대수
제주 서귀포 동홍동	동홍동센트레빌	2021년 11월	212세대
제주 서귀포 서홍동	서홍동서강파인힐6차	2020년 8월	130세대
제주 서귀포 중문동	e편한세상중문	2021년 6월	280세대
제주 제주 노형동	노형벽강하이본타워7차	2021년 1월	79세대
제주 제주 연동	연동백강스위트엠 I	2021년 7월	73세대
제주 제주 한경면	제주에듀루치올라	2020년 11월	99세대

03 2021년 이후 전국 분양 예정 단지

2020년 서울에 분양이 예정됐던 물량 중 일부가 2021년으로 미뤄졌다. 경기도 내 분양은 3기 신도시 사전청약 물량을 제외하고도 2020년보다 더 많은 공급이 예상된다. 전국적으로 아파트 가격이 상승하면서 재정비구역의 사업성이 개선되고 이에 따라 사업 진행에도 가속도가 붙어 분양 물량으로 추가되는 지역도 곳곳에 많이 있다.

생애최초 특별공급과 신혼부부 특별공급의 소득 기준도 완화돼 분양 시장에 관심이 높아지고 있다. 2021년은 공급의 물꼬를 터 더 많은 청약자에게 내 집 마련의 기회를 확보해 줄 것으로 기대한다.

서울, 과천, 광명, 하남에서 분양하는 수도권 민간택지 분양가상한제 주택은 2021년 2월 19일부터 거주의무기간이 적용된다. 이 때문에 청약 열기가 한 풀 꺾이는 것이 아닌가 생각하는 사람도 있다. 결론부터 얘기하면 그럴 일은 없다. 이미 2020년 7월부터 규제지역 내 중도금대출을 받으면 입주 가능일로부터 6개월 이내 전입 요건을 적용해 왔기 때문이다. 그리고 9억 원 이상 고가주택도 8년간 보유와 거주를 동시에 해야 장기보유특별공제도 적용되기 때문에 수많은 청약대기자들은 그 사실을 이미 인지하고 청약을 준비하고 있다.

2021년 청약 광풍은 더욱 거세지고 당첨은 어려워질 것이라 예상하는데 이런 상황에서 청약을 준비하거나 분양권을 매입하는 사람들은 세금, 전매제한, 거주의무와 같은 중요한 내용을 미리 숙지해서 실수 없이 현명한 판단을 내리길 바란다.

※ 2021년 1월 기준으로, 분양 일정과 일반분양 세대수는 변동 가능성이 있으니
  관심 있는 단지는 검색을 통해 미리 체크하길 권한다.

※ 출처: 한국경제신문, 지도출처: blog.naver.com/springrain85

① 서울특별시

위치	사업(단지)명	총 가구수	일반분양	건설사
강남구 도곡동	도곡동	86	86	DL이앤씨
강남구 역삼동	역삼동 오피스텔 *	335	335	현대엔지니어링
강동구 고덕동	고덕강일 10블록	593	593	대림산업
강동구 둔촌동	둔촌 올림픽파크 에비뉴포레	12032	4786	현대건설,대우건설, HDC현대산업개발,롯데건설
강동구 명일동	명일동 오피스텔 *	768	768	포스코건설
강동구 천호동	천호4구역 도시환경정비사업	670	174	포스코건설
강서구 화곡동	강서지구	499	334	금호산업

관악구 봉천동	봉천 4-1-2 재개발	797	98	현대건설
광진구 자양동	자양아파트 주택재건축	165	51	코오롱글로벌
구로구 개봉동	길훈아파트 주택재건축	295	114	(주)신일
구로구 개봉동	미정	317	186	호반건설
구로구 오류동	서울 천왕역세권 도시환경정비사업	440	142	혜림건설
동대문구 용두동	용두동 주상복합	408	288	현대건설
동대문구 이문동	이문1구역	2904	803	삼성물산
동대문구 장안동	장안동 오피스텔 *	390	390	현대건설
동작구 상도동	동작구 상도동 공동주택	771	771	대우건설
서대문구 영천동	서울 영천지구 재개발	199	103	반도건설
서초구 반포동	래미안 원베일리	2990	224	삼성물산
서초구 반포동	래미안 원펜타스	641	263	삼성물산
서초구 방배동	방배5구역 재건축	2796	1386	현대건설
서초구 방배동	아크로파크브릿지	1131	499	대림산업
서초구 서초동	서초동 남부터미널 오피스텔 *	315	315	효성중공업
성동구 행당동	행당제7구역재개발(일)	958	135	대우건설
성북구 장위동	장위10구역재개발	2004	1175	대우건설
송파구 문정동	힐스테이트 e편한세상 문정	1265	286	현대엔지니어링,DL이앤씨
송파구 송파동	송파 성시아파트 리모델링사업	340	42	포스코건설
송파구 신천동	잠실진주재건축	2636	564	삼성물산
송파구 오금동	아남아파트 리모델링	328	29	쌍용건설
영등포구 영등포동	영등포동 2가 439 가로주택정비사업	156	110	동부건설
영등포구 영등포동	영등포1-13구역	659	216	두산건설
은평구 대조동	대조1구역 재개발	1971	758	현대건설
은평구 신사동	신사1구역	424	200	두산건설
은평구 역촌동	역촌1구역 재건축사업	752	454	동부건설
종로구 효제동	효제동 오피스텔 *	581	581	대림산업
중구 입정동	세운 3-1,4,5 구역	429	330	현대엔지니어링
중구 입정동	세운푸르지오헤리시티사업	614	281	대우건설
중구 입정동	세운 6-3-3	618	618	대우건설
중구 황학동	힐스테이트 청계 센트럴 *	522	522	현대건설
중랑구 중화동	중화1재정비촉진구역 재개발	1055	503	SK건설
중랑구 중화동	중화3재정비촉진구역	295	217	라온건설

② 경기

위치	사업(단지)명	총 가구수	일반분양	건설사
가평군 가평읍	e편한세상 가평 퍼스트원	472	472	DL이앤씨
과천시 갈현동	과천지식정보타운 (S-8블록)	659	659	우미건설
과천시 갈현동	과천 오피스텔*	839	839	현대엔지니어링
광명시 광명6동	미정	1051	998	호반건설
광명시 광명동	광명2R재개발	3344	미정	대우건설, 롯데건설, 현대엔지니어링
광주시 경안동	경기 광주 민간공원	1690	1690	태영건설
광주시 곤지암읍	곤지암 신대1지구	685	685	금호산업
광주시 오포읍	고산1지구 C2블록 공동주택	1475	1475	포스코건설

광주시 오포읍	경기 광주 신현리 대광로제비앙	250	250	대광건영
광주시 초월읍	광주 초월역 공동주택	1097	1097	현대엔지니어링
김포시 운양동	운양역 파라곤 *	433	433	동양건설산업
동두천시 지행동	동두천 지행동	863	575	금호산업
부천시 괴안동	부천 괴안 3D 주택재개발	759	237	쌍용건설
부천시 소사본동	부천 소사역세권 주상복합	629	629	현대엔지니어링
성남시 대장동	성남판교 금강펜테리움 테라스하우스	215	215	금강주택
수원시 세류동	권선6구역	2175	1231	삼성물산,SK건설, 코오롱글로벌
수원시 이의동	광교 C6블록 주상복합	216	216	현대건설
수원시 파장동	한화 포레나 수원장안	1063	1063	한화건설
안산시 건건공	인정프린스 재건축	725	207	두산건설
안산시 고잔동	한화 포레나 안산고잔	449	161	한화건설
안산시 선부동	선부2구역	364	277	한신공영
안양시 비산동	비산초교재개발(일)	2739	248	대우건설
안양시 안양동	안양 진흥아파트 재건축	2723	678	대우건설, 포스코건설
안양시 호계동	안양 삼신6차 재건축	456	191	영무건설
안양시 호계동	융창아파트주변지구 재개발	2417	921	현대건설,코오롱건설, SK건설
양주시	양주역세권 A1블록	1152	1152	대우건설
양주시 옥정동	양주옥정 (A-1블록)	2049	2049	우미건설
양주시 옥정동	양주 옥정 EG the1	930	930	라인건설
연천군 연천읍	연천 옥산	499	499	DL이앤씨
오산시 고현동	오산 라온프라이빗	442	442	라온건설
오산시 내삼미동	오산세교 금강펜테리움 1차	762	762	금강주택
오산시 서동	오산 세교 공동주택	928	928	포스코건설
오산시 청학동	세교2지구 모아미래도	412	412	모아종합건설
오산시 청학동	오산 세교 EG the1	1132	1132	라인건설
오산시 청학동	미정	867	867	호반산업
용인시 고림동	용인 고림진덕지구 공동주택	2718	2718	현대엔지니어링
용인시 김량장동	용인8구역 재개발	1308	1069	태영건설
용인시 모현읍	한화 포레나 용인모현	3731	3731	한화건설
용인시 죽전동	죽전동 공동주택	344	344	대림건설
의왕시 고천동	의왕고천A2블록	310	310	금호산업
의왕시 고천동	의왕고천	444	297	DL이앤씨

의왕시 오전동	의왕 오전나 재개발	733	530	태영건설
의정부시 산곡동	의정부 리듬시티 공동주택	536	536	포스코건설
의정부시 신곡동	의정부 발곡공원	650	650	DL이앤씨
의정부시 용현동	의정부 용현동 공동주택	639	639	현대엔지니어링
의정부시 의정부동	의정부 파밀리에 포레나	1674	324	한화건설
이천시 백사면	이천 백사지구 신안실크밸리	1000	1000	신안건설산업
이천시 안흥동	이천 안흥동	1028	1028	금호산업
파주시 다율동	파주운정1차 임대(린스테이)	846	846	우미건설
파주시 다율동	파주운정 금강펜테리움	778	778	금강주택
파주시 운정3지구 A10블록	제일풍경채	671	671	제일건설
파주시 운정신도시 A13블록	파주운정A13	1745	1745	대우건설
평택시 용이동	안성승두	786	118	서희건설
평택시 이충동	평택석정 화성파크드림	1337	1337	화성산업
포천시 소흘읍	포천 태봉공원 공동주택	628	628	대우건설
하남시 덕풍동	하남C구역 주택재개발	980	613	포스코건설
화성시 동탄면 동탄2신도시 A58블록	동탄역 파라곤 2차	1253	1253	동양건설산업
화성시 동탄면 동탄2신도시 A59블럭	동탄 금강펜테리움 6차	1103	1103	금강주택
화성시 동탄면 동탄2신도시 C2블럭	동탄 금강펜테리움 5차	512	512	금강주택
화성시 동탄면 화성동탄A60블록	제일풍경채	308	308	제일건설
화성시 안녕동 태안3지구 B1-2블록	화성태안 2차(B-2블록)	650	650	우미건설

③ 인천

위치	사업(단지)명	총 가구수	일반분양	건설사
중구 중산동	e편한세상 영종국제도시 센텀베뉴	1409	1409	DL이앤씨
남동구 구월동(다복마을)	한화 포레나 인천구월	1115	434	한화건설
계양구 작전동	인천 계양1구역 재개발	1120	406	현대건설
계양구 작전동	작전동재개발	1370	642	두산건설,쌍용건설
계양구 효성동	제일풍경채	1439	1439	제일건설
남동구 간석동	성락아파트재건축	470	162	한신공영
남동구 간석동	백운1구역 주택재개발	705	484	현대건설
남동구 논현동	인천 논현 소래지구 오피스텔 *	630	630	동부건설
미추홀구 숭의동	숭의동 가로주택정비사업	233	128	신일
미추홀구 주안동	주안10구역	1146	762	DL이앤씨
미추홀구 학익동	학익1구역 재개발	1581	1215	SK건설
미추홀구 학익동 (용현학익 업무복합1블록)	씨티오씨엘 3단지	977	977	포스코건설

미추홀구 학익동 (용현학익 공동1-1블록)	씨티오씨엘 2단지	1311	1311	포스코건설
부평구 부평2동	부평2구역	825	250	대림건설
부평구 부평동	부평4구역 재개발	2150	1011	효성중공업
부평구 산곡동	산곡동 모아미래도	135	미정	모아종합건설
부평구 십정동	십정3구역 재개발	761	489	동양건설산업
서구 검단신도시	인천검단6블록	419	419	DL이앤씨
서구 검단신도시	인천검단3구역 9블럭1로트	1500	1500	대우건설
서구 검단신도시	검단AA6블록	822	822	금호산업
서구 검단신도시	인천검단3차(AA8블록)	370	370	우미건설
서구 검단신도시 AA15블록	제일풍경채	1425	1425	제일건설
서구 검단신도시 AA23블록	인천검단 금강펜테리움3차	1049	1049	금강주택
서구 검단신도시 AB1블록	인천검단5차	810	810	우미건설
서구 검단신도시 AB17블록	인천검단6차	943	943	우미건설
서구 검단신도시 AB18블록	제일풍경채	1762	1762	제일건설
서구 검단신도시 RC3블록	인천검단 금강펜테리움1차	487	487	금강주택
서구 검단신도시 RC4블록	인천검단 금강펜테리움2차	547	547	금강주택
서구 오류동	인천검단 16호공원 개발사업	878	878	동부건설
서구 왕길동	왕길역 로열파크씨티 푸르지오 1단지	1500	1500	대우건설
연수구 송도동	송도 B3블록 주상복합	608	608	포스코건설
연수구 송도동	송도 G5블록 주상복합	1544	1544	포스코건설
연수구 송도동	송도 A16블록	1319	1319	현대건설
중구 중산동	영종 한신더휴2차	870	870	한신공영

④ 부산

위치	사업(단지)명	총 가구수	일반분양	건설사
강서구 강동동	부산 에코델타 27블록	886	709	대우건설
강서구 강동동	에코델타 19블록	512	512	DL이앤씨
강서구 강동동	부산 에코델타 18블록	972	583	대우건설
강서구 강동동	부산에코델타 금강펜테리움1차	380	380	금강주택
남구 대연6동	부산 대연2구역 재건축	449	144	현대엔시니어링
남구 문현동	부산문현2	960	493	금호산업
동구 범일동	부산범일동 주상복합	1363	1363	대우건설
동래구 안락동	안락1구역(일)	1481	488	대우건설
동래구 온천동	래미안 포레스티지	4043	2327	삼성물산
동래구 온천동	온천장 지역주택조합	393	60	동원개발
부산진구 부암동	부산부암	1295	169	서희건설

부산진구 양정동	양정1구역 재개발	2276	1160	GS건설,SK건설, 포스코건설
부산진구 초읍동	초읍 하늘채 프레스원	756	499	코오롱글로벌
북구 덕천동	한화 포레나 부산덕천 2차	793	157	한화건설
북구 엄궁동	부산 엄궁3구역 주택재개발	1305	972	포스코건설
수영구 광안동	광안2구역 재개발	1237	571	SK건설
영도구	부산오션시티푸르지오	160	144	대우건설
해운대구 반여동	반여1-2구역재개발	750	541	SK건설
해운대구 재송동	부산 재송동 공동주택 개발사업	221	221	동부건설

⑤ 대구

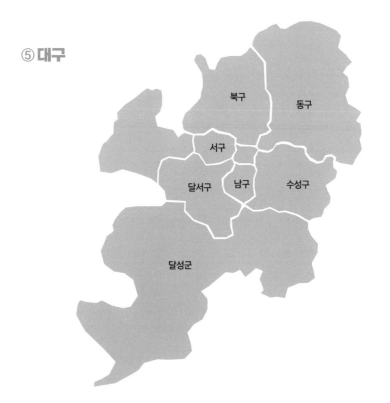

위치	사업(단지)명	총 가구수	일반분양	건설사
남구 대명동	힐스테이트 대명 센트럴	861	861	현대건설
남구 봉덕동	힐스테이트 앞산 센트럴	345	274	현대건설

남구 이천동	대구 배나무골 재개발	433	270	금호산업
달서구 본리동	대구현대백조타운재건축	1196	526	SK건설
달서구 상인동	대구상인동 공동주택	990	990	대우건설
달서구 월암동	대구월암	401	401	우미건설
달성군 구지면	대구국가산단 금강펜테리움 1차	1272	1272	금강주택
달성군 구지면	대구국가산단 금강펜테리움 2차	1508	1508	금강주택
동구 신암동	대구 동구 화성파크드림(신암2구역)	1458	952	화성산업
동구 신천동	대구 신천동 공동주택	419	419	태영건설
동구 신천동	대구 신청동 주상복합	172	172	현대엔지니어링
동구 율암동	대구 안심 EG the1	737	737	라인건설
동구 효목동	대구 효목동 공동주택	749	749	대우건설
북구 노곡동	노곡 한신더휴	944	944	한신공영
북구 노원동	대구노원동 주상복합	499	499	대우건설
북구 노원동2가	트루엘린	1558	1049	일성건설
북구 읍내동	대구 북구 화성파크드림	520	520	화성산업
북구 칠성동2가	대구 칠성동 주상복합	699	699	현대엔지니어링
북구 팔달동	대구 팔달동 재건축	725	636	효성중공업
서구 평리동	대구서구 화성파크드림(평리7구역)	1594	1029	화성산업
서구 평리동	대구서구 화성파크드림(평리5구역)	1404	959	화성산업
수성구 수성동	대구 수성구 공동주택	303	303	포스코건설
수성구 파동	수성 더 팰리스 푸르지오 더샵	1299	1055	대우건설,포스코건설
수성구 파동	대구 파동 공동주택 개발사업	313	313	동부건설
중구 태평로1가	태평아파트 재건축	407	207	대림건설
중구 태평로3가	힐스테이트 달성공원역	392	320	현대건설

⑥ 울산

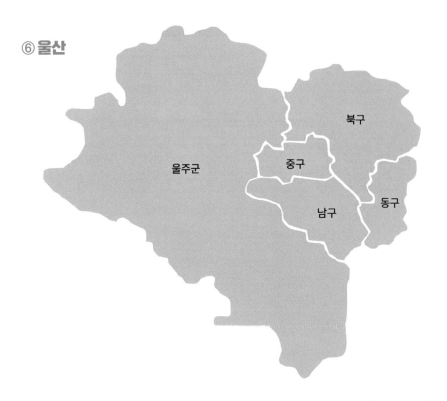

위치	사업(단지)명	총 가구수	일반분양	건설사
북구 양정동	율동 한신더휴	1082	1082	한신공영
남구 무거동	울산 삼호주공 재건축 정비사업조합	663	114	동원개발
남구 무거동	무거 비스타동원	481	481	동원개발
울주군 언양읍	울산역 어반스퀘어	934	119	대림건설
울주군 온양읍	온양발리스타 지역주택조합사업	848	44	신일
울주군 청량읍	리버시티 에일린의 뜰	1947	1947	아이에스동서
울주군 청량읍	울주 덕정지구 공동주택 신축공사	716	716	신일

⑦ 광주

위치	사업(단지)명	총 가구수	일반분양	건설사
광산구 월산동	제인풍경채	1265	1265	제일건설
남구 월산동	광주 월산동 지역주택조합	741	161	현대엔지니어링
남구 주월동	광주 주월	542	171	대림건설,DL이앤씨
동구 계림동	광주 계림4구역 재개발 모아엘가	815	485	혜림건설
북구 운암동	광주 운암3	3214	1199	GS건설,한화건설,HDC현대산업개발
북구 중흥동	평화맨션재건축	199	49	모아종합건설
서구 광천동	광주 광천동 주상복합	362	362	현대엔지니어링
서구 농성동	더 리미티드	88	88	롯데건설
서구 마륵동	광주 마륵동 APT	389	389	효성중공업

⑧ 대전

위치	사업(단지)명	총 가구수	일반분양	건설사
대덕구 읍내동	대전 읍내동 지역주택조합	745	237	쌍용건설
동구 대성동	대전 동구 대성동 개발사업	934	934	코오롱글로벌
동구 천동	대전 천동3지구 4블록	1328	1328	태영건설
동구 천동	대전천동 주거환경	3463	825	대우건설
동구 천동	대전 천동3지구 5BL	2135	2135	태영건설
서구 용문동	대전 용문 1,2,3구역 주택재건축	2763	1983	포스코건설
유성구 학하동	한화 포레나 대전유성	1768	1768	한화건설
중구 목동	대전 목동4구역 재개발 모아엘가	420	317	혜림건설
중구 선화동	선화 한신더휴 리저브	418	418	한신공영
중구 선화동	대전 선화 재개발	997	740	효성중공업
중구 선화동	선화B구역해모로	862	200	한진중공업
중구 용두동	대전 용두동1구역 재개발사업	474	304	코오롱글로벌
중구 유천동	유천동 예다음	224	224	영무건설

⑨ 강원

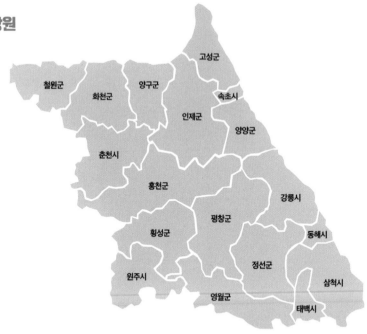

위치	사업(단지)명	총 가구수	일반분양	건설사
삼척시 교동	삼척정상위브	736	736	두산건설
속초시 동명동	속초 동명	546	546	DL이앤씨
원주시 단구동	원주 단구동14통 재개발 모아엘가	353	283	혜림건설
원주시 무실동 원주중앙공원	제일풍경채	1089	1089	제일건설
원주시 원동	원주 남산지구 재개발	1240	952	영무건설
원주시 지정면	원주기업도시 EG the1 3차	1520	1520	라인건설
춘천시 동내면	춘천 학곡지구 모아엘가 2차	762	762	혜림건설
춘천시 소양로2가	춘천 소양2지구 재개발	1041	853	포스코건설
춘천시 우두동	춘천 우두지구 EG the1	404	404	라인건설

⑩ 경상남도

위치	사업(단지)명	총 가구수	일반분양	건설사
거제시 상동동	거제 상동동 공동주택	1288	1288	포스코건설
거제시 고현동	e편한세상 거제 유로아일랜드 2차(가칭)	1113	1113	DL이앤씨
김해시 안동	김해안동 2차 공동주택	1380	1380	대우건설
북면 무동리	무동지구 14블록 공동주택	525	525	동원개발
양산시 동면	사송 더샵 데시앙 9블록	672	533	태영건설,포스코건설
양산시 동면	양산 석산 지역주택조합	834	537	포스코건설
양산시 동면	제일풍경채	484	484	제일건설
진주시 가좌동	신진주역세권 2블록	817	817	태영건설
진주시 가좌동	신진주 역세권 (B1블록)	828	828	우미건설
진주시 장재동	진주 장재공원 공동주택	798	798	포스코건설
창원시 가포동	창원 가포지구 B-1블록	847	847	반도건설
창원시 교방동	창원교방1구역(일)	1538	874	대우건설,쌍용건설
창원시 대원동	대원3구역 주택재건축	1470	1111	아이에스동서
창원시 중앙동	창원 대상공원	1735	1735	현대건설
통영시 광도면	통영 죽림 공동주택	880	880	현대엔지니어링

⑪ 경상북도

울릉도

봉화군　울진군

독도

영주시

영양군

문경시　예천군
안동시

영덕군

상주시
의성군　청송군

구미시
군위군
포항시

김천시
칠곡군
영천시

성주군
경산시　경주시

고령군
청도군

위치	사업(단지)명	총 가구수	일반분양	건설사
거창군 가지리	거창가지 공동주택	469	469	대림건설
경산시 중산지구	경산 중산지구 C5블록	195	195	대우건설
경산시 중산지구	경산 중산지구 C4-1블록	506	506	대우건설
경주시 건천읍	신경주역세권 2블록	945	945	태영건설
구미시 광평동	구미송정중앙숲	1384	277	서희건설
구미시 국가산업단지	구미 대광로제비앙	2740	2740	대광건영
안동시 용상동	풍림아이원 리버파크	835	416	대명수안
포항시 대잠동	포항 양학공원 공동주택	2670	2670	포스코건설
포항시 환호동	포항 환호공원	3116	3116	현대건설
포항시 효자동	포항 서초등학교부지 공동주택	437	437	포스코건설
포항시 흥해읍	환화 포레나 포항이인	2192	2192	한화건설

⑫ 전라남도

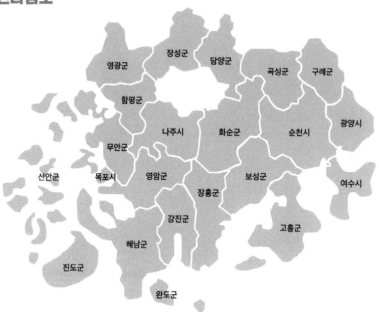

위치	사업(단지)명	총 가구수	일반분양	건설사
광양시 황금동	광양 황금지구 2-2블록	565	565	대우건설
나주시 금천면	나주 빛가람 지역주택조합	1480	76	코오롱글로벌
나주시 송월동	나주 송월동 KTX 공동주택	1645	645	현대엔지니어링
무안군 일로읍	무안오룡1차 (43블록)	372	372	우미건설
무안군 일로읍	무안오룡2차 (44블록)	685	685	우미건설
순천시 덕암동	순천 덕암동 공동주택	562	562	대우건설
여수시 둔덕동	한국아델리움	190	190	한국건설
여수시 오림동	한국아델리움	186	186	한국건설
여수시 오림동	양우내안애 주상복합	495	495	양우건설
익산시 금강동	제일풍경채	1515	1515	제일건설

⑬ 전라북도

위치	사업(단지)명	총 가구수	일반분양	건설사
김제시 금구면	남전주IC	666	66	서희건설
완주군 용진읍	복합행정타운 모아미래도	684	684	모아종합건설
완주군 용진읍	복합행정타운 모아미래도	309	309	모아종합건설
전주시 송천동	에코시티 데시앙 15블록	748	748	태영건설
전주시 송천동	에코시티 16블록	576	576	포스코건설
정읍시 상동	상동2차 예다음	191	191	영무건설

⑭ 충청남도

위치	사업(단지)명	총 가구수	일반분양	건설사
공주시 월송동	공주 월송 화성파크드림	303	303	화성산업
서산시 석림동	서산석림 공동주택	523	523	DL이앤씨
아산시 둔포면	아산테크노밸리 EGthe1 6차	833	833	라인건설
아산시 배방읍	더샵 탕정역 센트로	939	939	포스코건설
아산시 배방읍	아산탕정 대광로제비앙	468	460	대광건영
아산시 음봉면	아산 스마트밸리 APT	704	704	효성중공업
아산시 탕정면	아산탕정 금강펜테리움 1차	438	438	금강주택
아산시 탕정면	아산탕정 예미지	791	791	금성백조주택
천안시 두정동	두정 양우내안애	479	479	양우건설
천안시 두정동	천안 두정 APT	975	975	현대건설
천안시 삼룡동	미정	594	594	호반건설
천안시 성성동	천안성성4지구 A1블록 공동주택	1195	1195	동원개발
천안시 성성동	한화 포레나 천안백석	1783	1783	한화건설

천안시 신부동	한화 포레나 천안신부	602	602	한화건설
홍성군 홍북읍	내포신도시 RC-2블록	955	955	반도건설
홍성군 홍성읍	내포신도시 모아미래도	848	848	모아종합건설

⑮ 충청북도

위치	사업(단지)명	총 가구수	일반분양	건설사
음성군 맹동면	충북혁신도시 예다음	288	288	영무건설
진천군 성석리	진천군 공동주택	400	400	대림건설
충주시 봉당동	봉방동 모아미래도	330	330	모아종합건설
청주시 개선동	청주 구룡공원 공동주택	1197	1197	포스코건설
청주시 모충동	한화 포레나 청주모충	1849	1849	한화건설
청주시 복대동	청주 복대2구역 재개발	984	746	포스코건설

청주시 봉명동	청주봉명 재건축	1745	1097	SK건설
청주시 오송읍	오송역 파라곤 센트럴시티	2415	2415	동양건설산업
청주시 오송읍	오송역 파라곤	1673	1673	동양건설산업
청주시 오송읍	오송 B08 대광로제비앙	1615	1615	대광건영
청주시 오창읍	오창 각리 반도유보라	572	234	반도건설
청주시 용암동	미정	1215	1215	호반건설

⑯ 세종시

위치	사업(단지)명	총 가구수	일반분양	건설사
세종시 6-3생활권 P2 H2블록, H3블록	세종 리첸시아 파밀리에	1654	1654	금호산업,신동아건설
세종시 6-3생활권 P1	세종 6-3생활권 L1블록	1350	1350	태영건설

⑰ 제주도

위치	사업(단지)명	총 가구수	일반분양	건설사
서귀포시 한림리	기룡비치하임	47	47	굿모닝기룡건설
제주시 연동	e편한세상 연동(가칭)	204	204	DL이앤씨
제주시 애월읍	제주 애월 지주택	200	45	금호산업

04 2021년 2.4대책『공공주도 3080+』 대도시권 주택공급 획기적 확대방안

청약제도 개선 내용에 관한 해석과 대비책

국토부에서는 전국 대도시 내 극심한 주택 공급 부족에 대한 대책으로 도심 공공주택 복합사업안을 도입한다는 내용을 발표했다. 그중 청약 제도와 관련해 공공분양의 일반공급 비중을 상향한다는 계획안도 포함됐다.

◆ 이번 대책에서 공급되는 물량*은 주택공급을 기다려온 신혼부부, 30·40세대 등에게 충분한 내집 마련 기회를 부여하기 위해 새로운 공공분양 기준을 마련
  * 도심공공주택복합사업, 공공 직접시행 정비사업, 소규모정비사업 중 공공 직접시행사업

출처: 2021.2.4. 국토부『공공주도 3080+』대도시권 주택공급 획기적 확대방안 34, 35p 중 일부 발췌(이하 모두 동일함)

결론적으로 말하면, 청약 규모와 청약 경쟁 과열 구도의 큰 틀은 변하지 않는다. 공공분양 아파트 공급 비중을 조절함으로써 각 객체(특별/일반)별 체감 강도의 차이가 있을 뿐이다. 한 개 단지 분양 시 5천 세대급 이상으로 늘리지 않는 한 청약 참여자는 이번 제도 개선이 시행된 이후라

도 혜택을 받고 있다고 느끼지 못할 것이다. 하지만 작은 기회라도 보이면 가능성은 있는 것이니 알아둘 필요는 있다. 골자는 크게 3가지다.

I. 공공분양 일반공급 비중 상향

국토부에서 2020.7.29. 발표한 실수요자의 내 집 마련 기회의 확대 방안에서 공공분양 내 생애최초 비중을 20%에서 25%로 늘린 바 있다. 시행한 지 3개월 남짓 된 시기에 다시 이 숫자를 고친다는 내용이다.

· 기존 공공분양 공급 비중 ·

구분		특별공급 구분					특별공급 배정비율	일반공급 배정비율
		기관추천	다자녀	노부모	신혼부부	생애최초		
국민(공공) 주택	종전	15%	10%	5%	30%	20%	80%	20%
	변경	15%	10%	5%	30%	25%	85%	15%

· 변경된 공공분양 공급 비중 ·

☐ **전용 85㎡ 이하 공공분양의 일반공급 비중 상향**

○ **(현행)** 9억 이하 공공분양 시 **전용 85㎡ 이하**는 전체 물량의 85%를 **특별공급**하고, **일반공급 물량**이 15%에 **불과**(9억 초과는 특별공급 배제)

＊ 특별공급대상 : (85㎡ 이하) 다자녀, 노부모, 신혼, 생애최초, 유공자 등 (85㎡ 초과) 다자녀, 노부모

○ **(개선)** 공공분양의 **일반공급 비중**을 **15%→ 50%**로 확대

		공공분양		민간분양	
			금번대책	공공택지	민간택지
9억 이하 일반공급 비중	전용85㎡ 이하	15%	**50%**	42%	50%
	전용85㎡ 초과	87%	87%	87%	87%

2021년 2월 현재 시행 중인 공공분양 내 일반공급 15%를 50%로 늘리면 반대로 기존 늘려놓았던 특별공급 85%는 50%로 줄어든다. 그러면 특별공급 중 비중이 가장 높은 신혼부부, 생애최초의 비율을 크게 낮출 수밖에 없다. 실수요자의 내 집 마련 기회를 확대하자는 취지로 생애최초 특공 비중을 늘렸던 배경과 상충한다. 그래도 청약저축액 납입 총액 순으로 당첨자를 선발하는 현재 기준에서 일반분양 당첨을 포기한 3040 청약자를 달래기엔 효과적이다.

2. 공공분양 일반공급에 추첨제 도입

생애최초 특별공급 자격 조건 중 기본은 단어 그대로 생애에 단 한 번도 집을 가진 이력이 없어야 하는 완벽한 무주택 청약자를 위한 것이다. 일반공급을 50%로 늘리고 그 안에서 70%를 3년 이상 무주택 세대에게 추첨제로 공급함은, '실수요자 내 집 마련' 대책의 대전제는 같지만 당나귀를 팔러가는 아버지와 아들처럼 줏대가 없어진다.

아마도 일반(민간)분양의 절대 공급치가 적어 대규모 주택 공급은 정부와 지자체가 주도하는 공공분양으로 해결해야 하고 기존의 공공분양 청약제도로는 일반분양 당첨에 적합하도록 청약통장을 꾸려 왔을 예비청약자의 당첨 기회를 막게 되는 터라 이들을 배려한 생각이 아닌가 싶다.

□ **전용 85㎡ 이하 공공분양의 일반공급에 추첨제 도입**

○ **(현행)** 공공분양 시 전용 85㎡ 이하 일반공급은 **100% 순차제***

  * 순차제 : 3년 이상 무주택자로서 저축총액이 많은 자를 당첨자로 선정(매월 10만원씩만 인정, 공급면적 40㎡ 이하는 납입횟수 多 순으로 선정, 동일 총액·횟수시 추첨으로 선정)

○ **(개선)** 공공분양의 **전용 85㎡ 이하 일반공급의 30% 추첨제** 도입, **추첨제*** 참여요건은 **3년 이상 무주택세대 구성원**으로 엄격히 제한

  * 일반공급 中 순차제 비중은 낮아지나, 전체 물량 中 순차제 비중은 오히려 증가 (전체물량 中 순차제 비중 : 기존 15% x 100% = <u>15%</u> → 변경 50% x 70% = <u>35%</u>)

< 이번 공급대책 물량에 대한 일반공급 방식 >

구 분	기존 일반공급	금번 공급대책 일반공급
전용 85㎡ 이하	순차제 100%	순차제 70%, 추첨제 30%
전용 85㎡ 초과	가점제 50%, 추첨제 50%	가점제 50%, 추첨제 50%

이전 기준인 공공분양 일반공급 15%일 때보다 청약통장 납입금 입금총액 기준 당첨 커트라인은 현 수준보다 낮아질 것이다. 예를 들어 당첨 납입액 2,500만 원대는 2200만 원대 수준으로, 1,800만 원대는 1,400만 원대로 말이다.

3. 9억 초과 고가주택 소득요건 배제

공공분양에서 전용 $60m^2$ 이하 9억 초과 분양가는 없었다. 강남구, 서초구 내 일반분양은 9억 초과가 있었다. 그렇다면 분양가 상한 기준을 수

정하고 현 시세를 반영해 공공분양가를 높인다고 해석할 수밖에 없다. 만약 공공분양 소형세대 분양가 9억 초과가 목격된다면 강남 재건축 청약 대기 수요를 감안했다고 본다. 공공분양 고가 아파트 분양을 늘려 줄지가 관전 포인트다.

□ 9억 초과 고가주택에 대해서는 소득요건 배제

○ **(현행)** 전용 60㎡ 이하 공공분양 일반공급은 **소득·자산요건 적용**

　* ①도시근로자 월평균 소득의 100% & ②부동산 2억1,550만원 & ③자동차 2,764만원 이하

○ **(개선)** 전용 60㎡ 이하도 **9억 초과 시에는 소득요건 배제**

이번 대책으로 바뀌는 청약제도의 시행일을 주목하고 사전청약 시기에 적용하길 바란다.

MEMO